东方讲坛·社会科学普及读物系列

风从海上来

——近代上海经济的崛起之路

上海市社会科学界联合会 编

上海人民出版社

上海这座城，韶光流转，工商、金融、贸易风卷云起，蚕食了田园、芦苇、杂树，迅速成为中国近代工业文明的发轫场域。上海都市的文化肌理在这百年涤荡中琢雕塑刻，孕育了上海独有的城市性格。在这里，我们回望近代上海经济，体验城市成长的嬗变，感受一个变革时代的辉煌，追寻上海这座魅力都市在日新月异发展中最初的源头。

序

一个讲坛，创办 11 年，举办 24000 多场，直接听众约达 580 万人次，实属不易。这就是由上海市社联主办，全市各区县、各单位支持、协办的东方讲坛。东方讲坛以"普及社科知识，服务大众"为宗旨，坚持邀请名家，面向基层宣讲普及人文社科知识，如种子、像清泉，撒向我们这个城市的四面八方。东方讲坛已经成为具有上海特色的社会公益性文化品牌。

讲坛总有休止的时候，可是那些精彩的演讲、闪光的思想、宏大的智慧、厚积薄发的创作，随话音的落下而消逝，岂非可惜。除了音频保存而外，我们还想到了文字。这不是简单的录制或删减，而是一种再创作，是知识的沉淀、思想的延续。这对未曾有缘听讲的读者，也是一种补偿。

用心做好社会科学普及工作，是一件功德无量的事情。它不仅可以普及社会科学、人文科学常识，消除发展中国家人们的浮躁不安与歧见，还可以普遍提高公民素养，给全面小康社会增加道德文化含量。完全可以说，这是我们这个城市走向现代化不可或缺的一项建设。

集腋成裘，聚沙成塔，本丛书一定会洋洋大观，成为社科界乃至全社会一笔可观的财富。

秦绍德

2015 年　上海

目　录

戴鞍钢

复旦大学历史学系教授，中国近现代史专业博士生导师，国务院政府特殊津贴专家。主要从事上海史、中国近现代社会经济史、晚清史的教学和研究。著有《港口·城市·腹地——上海与长江流域经济关系的历史考察》《发展与落差——近代中国东西部经济发展进程比较研究（1840—1949）》《中国近代经济地理（第二卷）：江浙沪近代经济地理》《大变局下的民生——近代中国再认识》《晚清史》等，主编《中国地方志经济资料汇编》等，发表学术论文百余篇。主持多项国家及省部级社科项目，曾获"全国百篇优秀博士论文"和"中国图书奖"等全国及省部级奖项。

中心与辐射：近代上海与长三角及全国的经济关系

一、引言

讲历史问题，一定要有非常清晰的时间和空间的界定。

我要讲的历史是从 1843 年到 1937 年。上海是 1843 年开埠的。1843 年是上海历史上的一个转折点。为什么这么说？因为这一年它从面向国内，转为面向国外面向世界，尽管这种转向是被迫的，是鸦片战争战败之后被列强强迫开埠，但从历史发展的长河来看，这种转向对上海、长三角，乃至全国的发展影响非常深远。而1937 年是日本帝国主义开始全面侵华的一年，这对上海、对长三角，对整个中国造成巨大的灾难。1937 年以后不能简单地谈上海与长三角、和全国的经济关系，需要作专门探讨。这是时间和空间的界定。

二、近代城市

上海自开埠以后，很快成为江南的经济中心城市，进而成为全国的经济中心城市。我们现在讲的上海，基本上是以城市为依托的，上海的郊区曾有十个县（现在都已撤县设区），它们是 1958 年后才成为上海的郊区，过去都是属于江苏的。历史上我们讲上海，基本上就是锁定在上海的城区。

上海的崛起，并非一帆风顺，而是有它非常丰富的历史内容。

（一）通商口岸城市近代化的起步

通商口岸城市，可以作为引领中国近代经济向前发展的一个坐标，尽管这是伴随着资本主义、帝国主义入侵而出现的。

1843 年 11 月 17 日，上海正式开埠。为什么列强这么关注上海？为什么列强在《南京条约》签订后第二年就急不可待地登陆上海？这和他们对上海的青睐直接相关。上海在鸦片战争之前并不是最引人注目的中国城市。民间常说"上有天堂，下有苏杭"，而不是说"上有天堂，下有上海"，上海还是不能够与苏州、杭州相提并论。缩小范围讲到上海地区，一般讲松江府，往往"苏松"并称，不会有"苏沪"并称。在当时人们的眼光中，上海是比较边缘的。江苏省松江府上海县，上海只是一个县城。但上海这个县城的位置比较重要，它是中国南北海岸的中间点，南北海船的交汇点，南北海运的转运点。

但是鸦片战争以前，中国政府的眼光是向内的，它偏重的是内河水系。在清政府看来运河比海洋更重要。在这种政府的整体框架下，上海是不受重视的。但是列强就不一样，看中上海的是什么？第一，它是中国海岸的中间点；第二，它的背后有浩荡的长江；第三，它地处中国最富饶的长江三角洲。

鸦片战争之后被迫开放了五个通商口岸，从南数到北，广州，厦门，福州，宁波，上海。五个通商口岸中，只有上海是县城，其他都是府城或者省城。清政府的视野中，苏州远比上海重要。但列强看来，上海潜在的优势远远超过苏州。苏州是个内陆城市，尽管靠着运河，但是它的经济价值及未来的市场优势、潜力，远不及上海。上海自 1843 年列强登陆之后，一百多年来一直是列强在中国经营的重心地区。

（二）宁波的滞后

探讨上海与长三角和全国的关系，不能就上海论上海，只有通过比较，才能客观看待上海为什么在长三角和全国各个城市中间脱颖而出。

宁波历史悠久，在明代曾经是对日通商的主要口岸。但宁波在五口通商之后，和上海相比较是滞后的。最关键的原因，就是其经济腹地远不及上海，宁波是丘陵地带，背靠四明山；上海依托太湖平原，太湖平原背后就是长江流域腹地。外国人的眼光非常敏锐，他们也曾登陆宁波，但权衡之下很快放弃了宁波。宁波的外商很少，但上海不一样，成千上万的外商云集于此。

再举一例，因为宁波发展的滞后，有抱负的宁波人都到上海来发展。大家很熟悉的上海滩上很多工商大佬，大部分都来自宁波，上海的宁波帮，在 100 多年上海通商经济发展中叱咤风云，比如说澄衷中学，就是宁波人叶澄衷创建的。还有上海总商会的一个首领虞洽卿（过去的西藏路曾叫做虞洽卿路），他来自宁波慈溪。通过两个城市的比较，宁波人不断来上海追求发展，可以看出上海在江南，以及在当时五个通商口岸中的崛起，与它所处的地理位置是直接相关的。

（三）区域经济中心城市的位移

在明清的江南或者鸦片战争前的江南，上海和苏州不能相提并论，江南的中心城市是苏州，但为什么五口通商后转移到了上海？1853年以后，基本上江南的中心城市的位移完成了，为什么这么快呢？我想有两个因素：第一，地理位置的因素。这是列强的关注点。当然列强虽然关注上海，但对苏州并不是一无所知。

举两个例子。众所周知，嘉定黄渡以上叫做吴淞江，但黄渡进入城区的河段叫做苏州河，一条河流有两种称呼，为什么？当时到上海的外国人把这条河称为通往苏州的河，由此就命名为苏州河。可见他们并没有忽视苏州，但两者相比更关注的是上海。鸦片战争英国人曾经占领过上海，英国人也曾经派炮艇沿着黄浦江上溯，向

民国苏州河

上游进发，他们的目的是攻打苏州，因为他们也知道苏州是中国一个重要的城市。但他们的炮艇开到松江的河道上搁浅了，只得返回。上海和苏州，传统上有一个形象的说法，明清是"大苏州小上海"，近代以后是"大上海小苏州"，也是反映了经济中心城市的位移。

第二个因素：战争。比如太平天国战争。太平天国1851年金田起义，1864年失败，长达14年，转战南北大半个中国。李秀成曾经长期驻扎在苏州，经营他的"苏福省"，他的住所就叫做忠王府。太平天国打击的对象是有钱人、地主、富商、清政府的官员，苏州被太平军占领之后，很多人都选择逃到上海，因为上海有租界。李秀成曾经打到上海，但是列强按捺不住，公然跳出来，扬言太平军不能再前进一步，不能进城区，否则刀兵相见。李秀成权衡之下，觉得和列强抗衡的话，没有胜算，所以就退兵了。

可以再做一个比较，苏州和上海受太平天国战争的影响是完全不同的。苏州受到战火的破坏，上海则因租界的缘故，基本上没有受到战争的影响。这也加速了经济中心从苏州到上海的转移。那些有钱人逃到上海，他的背后就是人流、物流、资金流。

上海作为一个近代城市，在江南乃至全国，它脱颖而出的速度非常快，可以用"崛起"形容。一个城市崛起之后，不一定能够长盛不衰，但上海是长盛不衰的，为什么？一些基本的因素没有变化。比如说它的地理位置，它和世界的联系，在整个世界全球化进程中间海外和海内互相交流的这种需要，这是一个大的格局，大的趋势。

（四）镇江、温州、苏州、杭州开埠

镇江是运河和长江的交汇点，镇江的西津渡和瓜州，明清文人

留下了数量丰富的诗词,因为士子进京赶考,都经镇江入运河去北京。镇江在第二次鸦片战争以后开埠。很多人认为当时镇江可以取代上海,为什么?因为上海的港口先天不足,水深不够。上海的港口,在外国人没到之前在十六铺,外国人来了之后在外滩。但是外滩和十六铺,当中有一个陆家嘴。陆家嘴,从景观的角度来讲很美,近似90度的转弯,但从航运角度来讲,这是一个障碍。因为水流迟缓,结果就是泥沙的淤积。上海港的岸线不断变化,先十六铺再外滩,再虹口,再杨树浦区段,再浦东,然后到外高桥,直到今天的洋山深水港。"从上海到海上",上海离不开海,在世界的航运业中,大吨位的船舶是不断提高的,因此走向世界的上海离不开海上的深水码头。

当时,外国人曾经认为镇江比上海更重要。海关总税务司赫德,相当于今天的海关总署署长,他是英国人。为什么是英国人管中国海关?因为当时中国没有专门的近代海关人才,赫德是中国政府聘请的外国专家,他比较看好镇江,为什么?他着重从航运技术的角度,认为镇江比上海更有优势。但他忽略了上海航运的短板是可以通过后天的努力改变的。水深不够,可以通过疏浚来解决。事实上,在上海港的发展过程中,疏浚一直没有中断过。尽管现在有洋山深水港,然而长江口航道的疏浚一直在进行。镇江的开埠,并没有取代上海,也没有构成对上海的威胁,而恰恰是帮助上海把航运的触角沿长江上推。上海通向重庆有几个支点,第一个支点就是镇江。

温州也是一个很重要的港口。温州和宁波是相似的,温州就当地而言是一个重要的港口。但它放在长三角或全国来讲,当然不能够跟上海相提并论。温州的丘陵多于宁波，温州的腹地还比不过宁波。温州开埠后帮助上海把航运和商业的触角，深入到宁波以南的地区。

上海的优势，在没有受到威胁的同时，反而借助于这些通商口岸的开辟，扩大了对长三角、对全国的经济影响。

苏州和杭州的开埠，在 1895 年签订中日《马关条约》后。苏州和杭州开埠是日本要求的。主要因为它是帝国主义侵华的迟来者。它在争夺中国的行列当中是晚到者，等它想在中国获取某些通商口岸的时候，沿海地区基本上被欧美国家占领，所以它把眼光内移，看中了苏州和杭州。但苏州和杭州 1895 年开埠之后并没有对上海造成威胁，更没有取代上海，有两个原因：第一，上海的优势——地理位置，是苏州、杭州不能比拟的。第二，列强对上海的关注从来没有动摇过。日本人看中了苏州和杭州，想在苏州和杭州站住脚之后，和欧美国家争夺在华利益。

但是欧美国家对苏州和杭州不感兴趣，他们认为，从商业成本来讲，不值得他们去专门经营，苏州和杭州的业务可以通过中国商人解决。苏州和杭州曾经有日租界，但这个日租界很萧条。为什么？因为当时的日本，经济实力远不及欧美国家。但光靠日本是不成气候的。苏州和杭州的开埠，就像镇江和温州一样，非但没有动摇上海的经济中心城市的地位，反而稳固了上海经济中心的地位。上海的商业触角，因为这些城市的开埠而伸展开来。

（五）吴淞"自开商埠"的动议

上海本地有没有可能出现新的通商口岸的地区呢？外国人曾经动过吴淞的脑筋。大轮船进得了长江口，进不了吴淞口，他们理想的方案是什么？在吴淞开辟租界，大轮船进吴淞卸货，通过铁路转运到上海城区。

吴淞曾经有过开埠的动议，外国人曾有实际的举动。比如中国最早的一条铁路是吴淞铁路，这是外国人背着中国政府建造的。在清政府看来，吴淞的军事地位很重要。吴淞是军事要塞，鸦片战争期间陈化成在吴淞口率士兵与英军大战。清政府觉得与其让外国人动吴淞的脑筋，不如自开商埠。但光靠当时清政府的力量是不可能的，所以吴淞曾经有过自开商埠的动议，但随着清政府的垮台不了了之。

杨浦区所在的五角场附近的马路，大多以国字当头或政字当头。这是南京国民政府 1927 年上台之后，在五角场一带曾想搞一个大上海计划，希望在上海的租界之外，造一个新的城区，和租界抗衡。但因为日本的侵略，这个计划也不了了之。

通过以上的大体勾勒，可以发现，上海的崛起，其实并不是人们想象的只是因为它的地理优势。过去往往太强调先天的优势，其实我们还可以追加一笔后天的努力。特别是从航运的角度来讲，如果没有疏浚，没有港口重心不断的外移，上海很难确保自己的经济中心城市地位，也很难持久地对长三角和全国的经济发展发生重要的影响。

三、江河海航运

上海的优势是什么？不仅是面临太平洋，还背枕长江；地处太湖流域、水网地带。上海同时具有江河海航运综合性的优势，四通八达，在这一点上整个中国没有一个城市可以和上海相比。

上海地处太湖流域，江南水乡，加上京杭大运河，往北到北京，向南到宁波，再通过支流，它伸展开来涉及的范围非常广阔，这是外国人之所以青睐上海的重要原因之一。在他们看来，没有一个城市在这一点上可以和上海相比。

在强调上海地理优势的同时，后天的不断努力，消除不利的因素，上海的发展才是持久性的。比如，在鸦片战争之前，能够和上海相比较的有两个港口可以注意。第一个是太仓的浏河港，是郑和下西洋的出发地（现在有一个郑和纪念馆）。第二个是乍浦港。这两个港口从地理位置来看，在上海的南北两翼。但这两个港口后来都衰落了，主要原因是水文状况。虽然上海港的水不深，但因为它不断地改进，不断消除水深不够的因素。但另外两个港口为什么无动于衷呢？第一，外国人没有在这两个港口经营的企图。外国人在三个港口中间锁定上海。第二，因为外国人不关注这两个港口，相对来讲，中国的商人也不会在这两个地方有过多的投资。从大的方面来讲，周边城市并没有动摇上海；从小的范围来讲，周边的港口也未能动摇上海。

（一）上海的港口功能

上海的港口功能，最大的优势就是江河海集散疏运功能。在鸦片战争后凡是从欧美国家来的货物，上海是一个主要的转运点。货物到上海装卸，转运到中国的南北沿海，深入到全国的长江内河。这是上海最重要的一个港口功能。

（二）江河海航运的衔接

1. 新旧航运业的兴替

上海在鸦片战争以前，曾经也是东南海域的转运港。因为大家

上海市徽

知道一出长江口，南北海底的地理形态不一样。长江口以南，礁石林立。舟山群岛，就是冒出海面的山顶，如现在的大小洋山港。长江口以北基本上没有岛屿，黄海滩涂延伸到很远的地方。在鸦片战争以前，中国南方的船，一定要到上海来换成北方的船。为什么？因为海面下的地理形态不一样，对船舶的要求也不一样。

沙船是上海特有的船舶形态。我们知道上海"市徽"，标志物是白玉兰和沙船。沙船就是平底的船，走北方的航线，因为长江口以北没有礁石，多是沙滩，如果是尖底的船，陷到沙里搁浅，涨潮后船就毁了，但平底的船，搁在沙面，涨潮的时候浮起来，可以继续航行。但是平底的船在南方不行，容易触礁。于是尖底的船走南方，进十六铺，把货物卸下来，换成平底的沙船走北方。不管是平底还是尖底的船，到了鸦片战争之后都受到轮船的冲击。外国轮船的优势，比如说它的安全性、航行速度、载重量，这些都是木船不能比拟的。所以轮船很快取代了沙船和尖底的海船。

因为轮船的优势太过明显，轮船登陆上海以后，很快掌握了中国的沿海和沿江的航运，杨树浦一带多是码头和造船厂。如上海船厂的前身就是外资的船厂，这些船厂一开始并不是造船的，它是修船的。外国商船千里迢迢到了上海，需要保养和维修。所以上海最早的是船舶修造业，然后转化为造船业。杨树浦可以说是上海工业的发源地。外滩是上海商业的发源地，但上海的工业发源地是杨树浦，这和轮船、港口也是直接相关的。

2. 内河小轮船

上海是江河海汇集地，内河水运主要靠小轮船，时称小火轮，烧煤、冒黑烟的。小火轮大多是中国人经营的。小火轮的码头在苏州河，黄渡到上海城区那一段。改革开放前，上海内河航运公司的码头就是在苏州河。当时苏州河沿岸仓库货栈林立，比如著名的"四行"仓库。内地的物资运到上海，储存在苏州河沿岸等待外运。外国的商品运到上海来，也借助上海的内河仓库，散发到中国的内地。江河海联运的功能，是上海持续发展的不竭动力，也是上海和长三角对全国产生持续性影响的一个重要切入点。

3. 上海和浙东航线

当年上海十六铺最繁忙的就是到宁波的航线，晚上上船，第二天早上就可以到宁波。所谓的宁波帮都是借助这条航线到上海来。第二条线是到南通和海门，重要程度仅次于宁波航线。当时没有长江大桥，所以长江是一个很大的障碍。上海怎么把它的经济影响越过长江呢？通过航运。第三条是长江航线，这是上海与全国经济联系的一个重要途径。外国人看中上海，除了江南之外还着眼于长江。第一次鸦片战争后列强要求在沿海开埠通商，第二次鸦片战争的目的是将影响深入到中国的内地。

第二次鸦片战争之后，长江沿岸一系列的城市就被迫开埠，分别是镇江、芜湖、九江、汉口。这四个城市，外国人都是"精心挑选"的，镇江是进入江苏的门户，芜湖是进入安徽的门户，九江是进入江西的门户，汉口是进入湖北、湖南的门户。外国人对中国的了解，远比当时中国人对外国的了解更清楚。他们对中国市场的企图，是蓄谋已久的。最后上推到宜昌、沙市、重庆，到了重庆就止

步了。因为再朝前推，轮船就没有用武之地了。长江的上游，水流湍急，轮船上不去。在这个过程中，上海是他们的落脚点和出发点，通过上海进入中国的内河，进入中国各个重要城市，把外国市场的网络推广到更大范围。

四、陆路交通和水陆联运

过去特别强调上海的航海优势、港口的优势，随着时间的推移，上海还发展出陆路交通和水陆联运的优势。

（一）铁路

铁路对于中国来讲是全新的。上海是中国最早建造铁路的地方。中国的第一条铁路是淞沪铁路，也叫吴淞铁路，从上海通往吴淞，1876年建造，1877年拆除，中间持续了一年。铁路由外国人建

1920年，淞沪铁路出现了第一辆新式蒸汽机车

造，清政府认为不能开先例，将其拆除。外国人为什么答应拆这条铁路？因为他们没有条约的依据，他们是自做主张擅自动工，在外交的途径上说不过去。外国人为什么背着清政府造这个铁路？就是要解决港口水深不够的问题。这个铁路的走向就是现在上海的地铁3号线，现在江湾有一个老车站，也是一个旅游景点。

第二条铁路比较重要，就是上海到南京的沪宁铁路，1908年通车。1912年元旦，孙中山从上海到南京就任民国临时大总统就是走沪宁铁路，1913年宋教仁被杀就是在上海北站，他也打算走沪宁铁路去北京。第三条是沪杭甬铁路，1909年建造。这两条铁路基本上是同时兴建的。1909年沪杭铁路通车，但是杭州到宁波这条铁路的修筑就不顺利了，因为中间有一个钱塘江。钱塘江大桥直到1937年才建成。但没几天很快就被炸毁了。当时抗日战争全面爆发，面对日本大举侵华，不得不把这个桥炸断。这是日本帝国主义侵略对中国造成的灾难性后果的一个缩影。有兴趣可以看看茅以升的传记，就像亲手扼杀自己的孩子一样，钱塘江大桥就是茅以升的孩子，自己造自己炸，痛心疾首。

沪杭甬铁路到1955年才整体通车，是政府在1949年以后重新修桥修路。沪宁铁路和沪杭铁路，上海到南京、上海到杭州，是现在中国最繁忙的铁路，也是高铁客流量最大、最盈利的区段。

第四条是津浦铁路，从天津到浦口。1968年南京长江大桥建成之前，要到北京，要到南京浦口坐渡船。建造津浦铁路是为了衔接沪宁铁路。尽管隔着长江，可以通过轮渡来解决，但铁路的运量是巨大的，对沿线的经济带动也很明显。沪宁铁路和津浦铁路的衔接，使得上海的影响伸展到北方。

第五条是浙赣铁路。沪宁铁路向北延伸，沪杭铁路则向西延伸，从杭州出发到金华再到江西，人称浙赣铁路。它使得上海的铁路交通，向西在中国的内地伸展。

所以上海与长三角和全国的关系，除了强调海运之外，还要强调铁路的作用。

（二）公路

相对于铁路和航运来讲，公路运输是滞后的，因为公路运输第一要有汽车，第二要有汽油，第三要有加油站，第四要有公路。相比航运和铁路，与公路相关的因素要求更多。就当时中国的实际经济状况来讲，要解决这些问题有一定的难度。具体来讲，上海直到1901年才有汽车，有了汽车，才有公路。为什么叫做马路？马路就是过去马车跑的路，先是马车跑的路，然后才有汽车，汽车是晚来的。先是上海城区，然后慢慢地向郊区，向江苏向浙江延伸。除了铁路，除了航运，公路也是一个途径。比如，1922年就有老沪闵路；老沪太路由上海通往太仓的。公路使得上海对长三角，对整个中国的影响，如虎添翼。

（三）水路与铁路和公路的衔接

上海的先民非常重视充分利用上海的各种地理优势，充分挖掘上海的各种交通条件的潜能。比如，江南是一个水网地带，不可能建造太多的铁路和公路，因为要修大量的桥梁，造价太大。就当时中国的实际经济能力来讲，很难全面铺开铁路和公路建设。那我们的先民是通过什么途径做到水路衔接？这种例子很多，比如南翔有铁路，但缺乏公路，通过小轮船和铁路联手，你买了火车票之后，就可以坐船到南翔的乡下去，叫做水路联运通票。比如说在嘉兴，桐乡的人要到上海，他买一张轮船票，到了嘉兴之后，马上就可以乘火车到上海。

这些使得上海的交通多管齐下的优势充分发挥。我们讲经济关系，无非就是人流、物流、资金流，最关键就是人流。离开了人流，资金流和物流基本上也是大受阻碍。在这一点上，上海做足了文章。而这些努力基本上都和外国人无关。我们不要把上海的发展过多地归因于外国的经营。可以说，上海的发展是外国人开其端，开其端的作用在于摆脱了清政府落后于世界经济发展要求的内向性的政策。但上海的成功，主要是归因于中国人自己的后天努力。

五、近代工业

在杨浦讲上海的工业中心地位的问题，是最理直气壮的。近代上海重要的工业基本上是在杨浦。苏州河一带也有很多厂，但大部分是中国人自己开办的厂。比如澳门路一带就是荣家企业。杨树浦一带是外资工业最早的策源地。为什么会有杨树浦水厂和杨树浦电厂？过去吴淞口进来，一个标志性的航标就是杨树浦电厂高耸入云的烟囱。大家知道工业的生产要解决水和电。为什么选择沿江呢？主要是解决运输的问题，包括设备、原料以及产品的运输。杨浦的工业文明，是杨浦人文历史资源的一个亮点。我们现在非常强调工业历史遗产资源的挖掘和利用。我刚刚听林牧茵老师的介绍，杨浦沿江的地段，在开发过程中非常注重历史符号的挖掘和利用，这是非常聪明的做法。在这一点上，上海其他区无法和杨浦相比，这个文章大有可为。

上海工业的策源地是杨浦，中国的工业中心是上海。1936年上海工业总产值约占到全国工业总产值的50％，半壁江山。这样大家才能理解，为什么日本帝国主义在1931年发动"九一八"事变，紧接着于1932年在上海发动"一·二八"事变。1937年"七七"事变，马上又在上海制造"八一三"事变，也就是说日本帝国主义在中国北方发动侵略之后，第二步就是打上海，两次都是一样的，为什么？他们是着眼于上海的工业地位，上海的经济地位，它想占据上海这么一个中心城市，进而实现它在中国的侵略野心。

上海的工业中心地位在上海开埠以后没有变化过，我想主要有两个原因。

从外国投资者的角度来讲，这是最理想的地方；从中国的工商界人士来讲，这是最安全的地方。因为除了上海，其他地方的投资其实有很大风险。大家知道，上海之外的中国，风雨飘摇，军阀混战。举一个例子，有一个工商实业界人士穆藕初，美国留学之后回到上海，办棉纺织厂。成功之后，他觉得棉纺织厂应该办到棉花的产地，也就是纯粹从技术和经营成本的角度，应该是就地设厂。当时河南是中国棉花的重要产地，他到郑州办了一家厂，但不幸，很快中原大战，军阀混战，军队进驻，这个纱厂就毁掉了。上海为什么没有太多的受到战乱的破坏？因为有租界。因为不管是军阀还是中国政府，当时都不大敢和外国人叫板。就中国的投资者来讲，上海是比较安全的。某种程度上使得中国有能力投资工商企业的人都聚集到上海，资金聚集到上海。中国这么大的国家，将近一半的工业投资在上海，将近一半的工业产值在上海，这是不成比例的。上海从全国来讲是弹丸之地，为什么集中度这么高？它的背后就有非常深刻的社会历史原因。

经济离不开空间特征。空间特征我们可以概括地讲，第一，以上海为中心，这是没有疑问的；第二，以铁路沿线或者是说长江沿岸的通商口岸城市为支点，也就是说这个中心是通过铁路，或者是说通过长江沿线重要的通商口岸城市作为支点，逐渐伸展开来。我们举几个例子，比如说苏州到南京，就有几个工业比较活跃的地区，第一个无锡，第二个常州，第三个镇江。为什么苏州没有进入前三甲？这就是很有趣的问题，苏南城市最应该发展起来的是苏州，第一苏州有钱人多，第二苏州离上海近。但恰恰相反，工业发展过程中，苏州落后于无锡和常州。研究经济，在强调先天优势的同时，也要重视后人的主观努力。相对来讲，苏州有钱人多，但是创业的观念不及无锡和常州，苏州有钱人守成的观念比较重。这些问题在考察上海与长三角和全国关系的时候也很耐人寻味。当代的经济中也有例子。义乌是金华下面的一个县，但义乌的风头现在超过金华，它现在的经济实力远远超过金华。从任何角度看，义乌并没有太突出的地方，但是义乌就走出来了。事在人为，经济也是这样。

长三角和全国的空间特征，再次印证了上海中心城市地位。上海的工业技术，是通过沿江和铁路沿线那些重要城市落脚，并逐渐壮大。在这个过程中，多多少少看到上海的技术人员、上海企业家的身影。

六、农业和手工业

城市离不开农业的支撑，因为人的基本需求就是衣食。如果只

有海运、铁路、公路，但没有粮食，没有农副产品的供应，这个城市也维持不了。上海从 1901 年开始，每 10 年基本上以 100 万的人口速度快速增长。比如讲，1901 年是 100 万的话，那 1921 年就是 200 万，1931 年就是 300 万，1949 年上海解放的时候人口将近 500 万。大家可以体会到这么多的城市人口，日常生活需求是巨大的。这对于长三角和全国的农业、手工业的触动，也是非常直接和巨大的。

首先就是农产品的商品化。

第一，口岸经济的带动。中国是个农业大国，但在鸦片战争前，它的目光只限于国内，市场需求有限，所以我们看到的是小农的中国。基本上是自耕自足自纺，解决粮食和穿衣的基本需求，农民和市场的联系不紧密。但是鸦片战争之后这个局面发生了变化，外国人进来了。外国人为什么要入侵中国？其目的首先是为了占领广大的市场。鸦片战争时期中国有 4 亿人口。在英国人看来，这是不得了的一个市场。但他们不知道 4 亿人口绝大部分穷得叮当响，买不起外国货。

第二，中国这个市场，除了人口众多之外还地域广大、物产多样。我们很难说物产丰富，但是物产的多样性，对于外国人来讲是有吸引力的，最吸引他们的是丝、茶和瓷器。我们现在讲"一带一路"，至少可以追溯到唐代。以前在欧洲人的心目中，遥远的中国是一个非常富庶的国家，在元代有《马可·波罗游记》，马可·波罗笔下的中国对于外国人的诱惑非常大。为什么外国人要打鸦片战争？就是因为他们认为拿下中国就是打下一个广大的市场。通过战争，通过强迫中国通商，他们确实部分地达到了目的。比如他们把工业品输送到中国，然后把需要的农产品运回自己的国家，在这一进一出的中间，当然最受益的是他们。中国有一句话"无利不起早"，外国商人千里迢迢来中国，就是为了赚钱。

换一个角度，中国的农民在这个过程中其实也多多少少增加了收入。种植经济作物的收益要比种传统粮食作物的收益要大。农民因为出口市场的拓展，放弃了或者部分放弃了传统的粮食作物生产，而转向了经济作物生产。这就是口岸经济的带动。当然这个口岸经济是受市场经济波动的。中国的农民进入世界市场，在受益的同时，也面对着风险。粮食作物卖不掉还可以吃，但茶叶、生丝卖不掉，就糟糕了。

第三，城郊农副业。因为上海是中外混居的地方，外国人来上海之后喜欢吃中餐，但也忘不了西餐，就要求在上海也有西餐的原料供应。于是各种各样外国的农产品落脚在中国，成为一个新的经济作物品种。比如说他们要喝牛奶，上海的郊区有奶牛养殖业；他们要鲜花，就有鲜花的花卉业，这都是上海过去没有的一种新的经济增长点，它的收益要超过中国农民传统的种植物。以下，通过几个方面进一步分析开埠以后上海产业结构产生的变化：

（一）手工业

在上海与长三角和全国的经济关系中间，手工业的变化引人注目。中国的手工业门类很多，今天我们讲的几个行业，第一个是纺织业，第二个是轧花业。什么是轧花业？棉花有棉籽，你要把棉花纺成纱，要把它的籽去掉，这就诞生了轧花业。我们过去讲洋纱进入到中国之后，土纱就没有招架之力，其实这个问题比较复杂。洋纱进来之后，其实和土纱是互补的。中国农民通过日夜劳作纺纱织布来缩小同洋纱洋布的竞争差距，他们在部分采用洋纱的同时，也没有完全放弃土纱。历史上有一个"改良布",就是洋纱和土纱的混用。

近代中国的棉纺织厂,除了外资以外,还有中国自己的商人,比如荣毅仁的祖先荣宗敬,在无锡创业,上海发达,20世纪30年代创办了中国最大的资本集团企业。荣氏家族非常有眼光,它有两个主要的投资领域,一个棉纺织厂,一个面粉业。为什么这两大行业能够一直办下去?为什么在外资打压中国的民间资本情况下,它能够存在下去?这是因为人的基本需求就是衣食,他抓住了衣(棉花)食(粮食),再加上民族的爱国心,在整个中国不断受外资侵略时,中国人不断地发起提倡国货运动,尽管这是一种很软弱的抵抗,但多多少少帮助了中国民间资本的发展。

(二)缫丝业和丝织业

蚕茧要抽成丝,就叫做缫丝。过去是手工的,将丝放入热水里烫,烫了抽丝出来。在上海最早出现了外资的缫丝厂,中国人跟进。我们的先人在工业、交通等各个领域学习西方的先进技术,为我所用,这种主动进取的精神是令人尊敬的。不懂这些深刻的历史内容,往往很简单地把上海的发展归因于外国的经营,这是不客观的。其实外国是开其端,紧接着更多努力和贡献的是中国人自己。

(三)新兴的手工业

这个非常有趣,比如说织袜业,上海开埠之前,不要说上海,全中国都没有我们现在意义上的袜子。当时是布袜,用布缝成的。我们现在的线袜是什么时候开始的?就是上海开埠以后,外国人把袜子新的样式,带到中国,中国人效仿了。再一个是毛巾。我们现在的毛巾也是外来的,过去是布巾。这类新兴的手工业,在南汇、川沙、嘉定等地很快就发展起来。还有一种是适合外贸的,比如说

上海口岸出口的草帽

草编业。外国人对草帽的需求很大；还有花编业，织花边的抽纱。
这些都和上海开埠以后与世界市场的联系直接相关的。

　　而上海在这方面对长三角、对全国的引领，是比较明显的。为
什么？因为这些新兴的手工业成本低，技术要求也低，而且它是来
料加工的。农民到包买商那里买原料，回家织成袜，织成毛巾，交
给包卖商，从中换取差价。上海地区有一个很特殊的现象，我们过
去讲，中国社会中女子的地位是最低的，但是这个话放在江南、放
在长三角来讲，不一定确切。上海开埠之前，农村妇女的地位就不
是你想象的那么低。为什么？"苏松土布，衣被天下"，因为有土布
业，女子对家庭的贡献往往超过种粮食的丈夫，所以她们的地位不
是你想象的那么低。上海开埠以后，她们谋生的途径越来越多，织
袜、织毛巾、草编、抽纱，还有帮佣、家政，这些收益都不低于她
们靠传统农作的丈夫。所以上海开埠以后，对于长三角及全国经济

引领的表现是多方面的，包括风俗的演变。

七、商业和金融业

外滩是上海商贸中心地位的一个缩影。外滩是外国洋行最早登陆的地方，前身就是洋行，之后就是银行。很多银行早期是洋行，从洋行转化为银行。万国建筑就是一个非常好的缩影，万商云集之地，到世界各地去旅游都很难看到这样壮观的景象，各国风格的建筑在一个相对狭长的地带集中展示，这是不多见的。

（一）城乡商品经销网

上海的地理优势，上海的交通优势，上海的生产能力，在长三角和全国都是独领风骚的，所以上海也是各地商帮云集之地。为什么宁波人来上海能够发达？就是有生意可做，没生意可做，怎么赚

海运业的繁荣，促成了上海最早的会馆——商船会馆的成立

钱？为什么有生意可做？国内的市场需求太大了。到上海来的那些货物都是新鲜稀罕的东西。现在的话来讲，都是很时尚的东西。中国人穷的多，但是中国人口多，基数大，有钱的人还是占一定的比重。上海国内外商品的经销网就是以上海为中心向全国铺开。全国各地的商人都成帮成伙到上海，设立会馆公所，建立他们的落脚点。

（二）新式商人群体

中国的传统商人，开埠前，以哪些商人最厉害？第一个布商。第二个米商，做粮食买卖的。第三个盐商，贩盐的。第四个木商，做木材生意的。大家一听就知道，这四个行业都是人们日常生活所需的。鸦片战争以后，这些商人依然存在，但他们的风光被谁压住了呢？被进出口商品贸易的商人压住。为什么进出口商人后来居上？因为盈利更多，市场更大。因为中国成了国际市场的一部分，市场更大了，世界向中国要求的东西更多，中国向世界输送的也多，一进一出之间，那就可以收佣金。外国人毕竟有限。外国人把货物运到上海，通过谁扩散到各地？基本上靠中国人扩散到各地，所以近代中国最先富起来的是谁？是买办。就是帮外国人做生意的那些中国人，他作为中间商靠佣金，靠抽成致富。

（三）华侨商人的投资

在上海的发展过程中间，华侨商人的贡献是令人尊敬的，南京路之所以成为南京路，和四大公司是分不开的。20 世纪 20 年代以后，南京路上有四大公司——永安公司、先施公司、新新公司、大新公司。这四大公司的建筑现在还在南京路上，永安公司现在还是叫永安公司，都是广东香山人投资的。他们先到澳大利亚去闯荡，发达后集聚资本回到上海投资。这就是有趣的现象。广州也是通商

口岸，他是广东香山人为什么不到广州而来上海投资？因为华侨到中国来投资，除了爱国热情之外，能不能赚钱，也是一个考虑的因素。在商言商，除了爱国之外，还希望在爱国的同时也能赚钱，从赚钱的角度来讲，上海比广东要有利得多。四大公司就是华侨对上海经济贡献的一个缩影。这四大公司的经营模式，对长三角对上海和全国的经济关系都是一个引领作用。

（四）银行钱庄

中国过去没有银行，有的是钱庄和票号。相对来说，钱庄是南方的，票号是北方的，银行则是外国人带来的。钱庄一直到1953年社会主义改造才消亡。对大部分中国人来讲，银行是高高在上的，他们没有必要和银行发生关系，但是钱庄是随时可以打交道的，门槛很低。银行和钱庄并不是互相排斥的，他们经常互相联手。为什么？外国银行资金雄厚，但是人脉有限；钱庄资金不够，但是人脉深厚。钱庄和银行之间有资金的互相运作，可从中共同牟利。我们不要主观地设想，旧的不如新的，旧的必然败于新的，这是一个很复杂的历史过程。

八、人口流动与迁徙

上海的人口集聚，1901年以后，基本上是以10年100万的速度递增。这样的城市人口增长速度在全世界范围内都是比较罕见的。为什么出现这种状况？

第一，上海的经济实力，吸引了众多的中国人到这里来谋出路。第二，天灾人祸，把各地的人驱赶到上海。有一个比喻，上海是一个移民城市；但换一个角度，上海也是一个难民城市。尽管这样的概括不一定准确，但是可以供大家参考。为什么？以苏北人为例，杨树浦有很多纱厂，纱厂的女工大部分来自苏北。为什么苏北的女工要到上海来？因为她们在家乡无法生存。那些女工都是包身工，基本上都是签了卖身契过来的。为什么凡是要追求自己人生梦的都要到上海，凡是遇到天灾人祸也要到上海来？这就回到上海一个基本的特征，因为有租界，相对来讲社会秩序比较稳定。

第二，移民与城乡经济。上海的发展，离不开移民，离不开众多的新上海人。新上海人的概念并不是今天独有的，我觉得在历史上也有新上海人，源源不断的新上海人进入上海，为城市发展提供了充足的人力资源。尽管对所在的城市来讲或许是一种损失，但对于上海而言，这样的一种人力资源是没有问题的。而且这些人力资源到上海来还面临着竞争，即使是拉黄包车的人力车夫也是有竞争的，为什么？你身体不好，你拉不动，你跑不快，你就不能在上海立足。移民和上海城市发展，和城乡经济的互动，和长三角及全国都有直接的关系。

九、结语

讲了那么多，我想还是回到一个基本的命题，我们怎么从政治的角度，来看上海和长三角及全国的经济关系。有一点应该提醒大家，尽管开埠以后上海有发展，尽管上海发展带动了长三角和全国经济的进步，但不要忘了，这种发展和进步是受列强主导的。通商口岸的开辟就是列强的要求，通过通商口岸进入长三角，进入全国，

也是列强所追求的，所以在整个经济发展进程中，最大的受益者是列强，这是没有疑问的。否则的话，就难以理解为什么列强一直在上海乐此不疲地经营。第二点，历届中国政府的不作为，也就是说面对着强势的列强，中国政府都是退居其次，不敢作声。

这两点决定了上海和长三角及全国的经济关系，是没有得到充分的、合理的、应有的发挥，也就是说它某种程度上是畸形的。比较合理的上海和长三角及全国的经济关系的建构，要到1949年以后，就是我们今天要讲的，上海在发展的同时，要主动服务于长三角，要主动服务于全中国。

上海财经大学国际工商管理学院教授，经济学硕士。兼任上海商业经济学会副会长，中国商业经济学会常务理事，中国市场学会常务理事。长期从事商业经济和市场营销的教学和研究工作。主要著作有《服务产业与现代服务业》《中国市场营销发展报告》《市场营销学》等。发表学术论文 130 多篇。主持过包括国家社科基金规划项目、上海哲学社会科学规划项目在内的各类研究项目 30 多项。从20 世纪 80 年代就开始对上海商业的改革与发展进行跟踪研究，参与过许多重大商业改革的政策咨询和规划研究工作，曾获得上海哲学社会科学优秀成果奖、上海市决策咨询研究成果奖等多个奖项。

晁钢令

上海之魂是怎样炼成的：近代上海商业的繁荣与发展

今天的上海是一个全球闻名的国际大都市，也是国内外游客十分向往的旅游观光目的地。上海既有中国各种文化的传承积淀，又有世界各国文明的交相辉映，因此她在人们的心目中显得既深沉又活泼，既光鲜又神秘，人称"东方魔都"。上海为什么会变得那么神奇，那么具有吸引力？这与上海整个城市的发展和成长过程是密切相关的，也是同这个城市独有的精神文化密切相关。什么是上海的城市精神？ 2003 年上海市精神文明建设工作会议在全市大讨论的基础上，正式将上海的城市精神确定为"海纳百川、追求卓越"，在 2007 年上海市第九次党代会上，时任上海市委书记习近平同志又提出"开明睿智、大气谦和"的表述，从而使上海的城市精神正式确定为"海纳百川、追求卓越、开明睿智、大气谦和"十六个字。这一表述形象而深刻地反映了上海这座超大型全球城市的社会形态和人文精神，我们可称之为"上海之魂"。而从历史的角度讲，促使

"上海之魂"形成的原始动力应当是贸易和商业。

我们都知道，上海的发展目标有"五个中心"。最早是三个中心：经济中心、金融中心、贸易中心。后来上海的航运跃居世界第一位，国务院又给批了航运中心。现在习总书记又讲上海要发展科研科创。于是上海又提到了建设科创中心，从而构成了现在的"五个中心"，即：经济中心、金融中心、贸易中心、航运中心、科创中心。其中贸易中心无疑是最重要的动力。因为从世界各国中心城市的发展规律来讲，大多是从贸易和商业起步的。贸易和商业发展了，才有了对航运和金融的需要，从而引发航运业和金融业的集聚。商业的发展促进了投资环境的改善，经济和科创中心才有可能真正形成。上海这个城市成长发展过程也证明了这一点，上海是从商业起家的，然后逐渐发展成为一个综合性的经济城市。上海第一代工业最初都是从仿制洋货开始发展起来的。主要是有了对外贸易，大量吸收洋货以后，开始进行大量的仿制，然后才出现了上海最早的纺织业和其他制造业。

美国人霍塞在《出卖的上海滩》(因为当时上海有大量的租界租给外国人)一书中说过这么一句话，"这个城市不靠皇帝，也不靠官吏，而只靠他们的商业力量逐渐发展了起来"。徐懋庸当时也有一句话："文坛上倘有海派和京派之别，那么我认为商业竞卖是前者的特征，名士才情却是后者的特征"。因为在 20 世纪 30 年代，曾经有文化界人士对上海文化的内核到底是什么有过争论，当时也有人提出过，"上海既有商业气息，也有名士才情"，就是说它也有浪漫的情调。但徐懋庸就讲，如果把海派和京派文化分开的话，上海的商气更浓。鲁迅的一篇杂文就是写"京派"与"海派"之分，他曾说

"北京是明清的帝都，上海乃各国之租界。帝都多官，租界多商，文人之在京者近官，在海者近商"。他也是把上海主要的文化特征、社会特征同商业联系在一起的。

上海实际上在其整个发展过程中间，或者说在它的城市特征中，"商气"确实很浓。上海这座城市因商而兴，因商而立，因商而盛。所以今天我想从上海近代商业发展的角度来证实一下"商乃沪之魂"。

一、上海"以商兴市"的历史条件

为什么上海会有这么一个商业起家的渊源？毫无疑问，首先是由上海特定的地理环境条件所决定的。20 世纪 90 年代初，浦东刚开放的时候，想做一个雕塑，来表述浦东作为上海对外开放前驱的象征。当初我曾经提出一个建议，在浦东的最东端应该立一个箭头，一个面向海外的"箭头"。为什么呢？整个上海的地理位置可以看得到，沿海是一张弓，长江就是一杆"箭"，浦东在出海口就是一个"箭头"。为什么开发上海浦东？就是要走向世界，要向全世界展示中国的力量，展示上海的力量，我们要用长江这支箭，通过沿海这张弓射出去。如果在浦东那里做一个箭头一样的雕塑，就赋有这样的意义。而这个意义也说明上海特定的地理位置。中国有漫长的海岸线，上海正好处于中间，通过长江水系和内陆有了密切的关联，而最初的交通，主要是通过水路。这种条件下上海自然成为一个天然的通商之港。上海最早发展是在什么地方起家的？是在沙船，上海博物馆也展示了沙船。这个沙船通过水路，通过沙船的贸易，最后发展上海几条主要的航线。

在开埠之前，上海就有了通往北洋的航线，一直到大连；南洋航线，一直通向台湾广东这一带。还有长江航线，当时的长江航线，主要是到武汉，最多到宜昌，因为再往里面的航道当时是比较困难的，但也是相当的畅通。另外还有海外航线和内河航线。内河航线通过很多支流，同江、浙、皖、鲁这些地区有相当密集的航运往来。这些条件决定了当时的上海很自然成为通商港口，当然，最早的通商贸易主要是在国内。

对于上海的商贾怎样通过很有利的地理条件发展商业，以及当时上海的繁华景象，史书上也有描述："迢迢申浦，商贾云集，海艘大小以万计，城内外无隙地"。空隙都没有。有记载说，到鸦片战争前夕，上海开埠前夕，上海港的航运船只总数可达4000艘以上。当然对于现在来讲，这是小菜一碟，但当时来讲，应该是相当厉害的。航运总吨位可达42万吨，要知道这些都是小木船在那里运，而不是现在的万吨轮。所以当时的贸易已很繁荣。

这是上海发展的自然条件，那么历史条件是什么？

真正使上海成为一个繁华大都市，可以说是鸦片战争以后。20世纪80年代中期，我写过一本书，主要是关于涉外公共关系的。在这本书的开头，我写了这么一段话："鸦片战争的炮声震开了中国封闭了几千年的大门，把这个古老的民族以屈辱的姿态拉上了世界经济舞台。尽管因其被动和屈辱而始终被以后几代的中国人引以为耻，记以为恨，然而也不能不承认，这毕竟成为中国经济发展的转折点，开始把中国从原始落后的自然经济状态之中解脱了出来。"当时出版社还跟我商讨，说这样的表述会不会有问题？我当时就说"这是历

上海之魂是怎样炼成的：近代上海商业的繁荣与发展

史，这是事实"。鸦片战争确实是中国人屈辱的一段历史，但客观来讲，确实使中国从此之后和世界经济之间建立了相当密切的联系，上海的大门也就此打开。鸦片战争后，中英签立了《南京条约》，以后又通过了《中英五口通商章程》。实际上这是两个东西，《五口通商章程》是在《南京条约》割地赔款以后，具体谈了通商的问题。当时将上海、广州、厦门、福州、宁波五大口岸对外开放。这五大港口的通商，促使上海正式"开埠"。这以后，洋人可以比较自由地来上海做生意，建立他们的洋行，销售他们的产品。在这之前清朝政府是不允许的。开埠之前清朝的对外贸易只有一地是允许的，就是广州。所有进出口贸易都是通过广州这个口岸进来的，而且全部都是在清朝政府的控制之下进行的，是完全垄断的。五口通商以后，这种局面就打破了，之后，上海已成为中国最大的商贸中心。为什么这么讲？可以看一些数据。上海当时进口占全国的比重（1844年，即开埠第一年）只占 12.5%。但到 1855 年，也就是十年以后，上海当时的进出总额（主要是同英国人的贸易）占了全国的 87.8%，一大半都是从上海进口。在出口方面，上海和广州相比，1844 年广州的出口是上海的 7.7 倍；但到 1855 年，上海的出口反过来是广州的6.8 倍。

表一　上海从英国进口占比

年份	进口占全国的比重（%）
1844	12.5
1845	30.0
1852	59.7
1855	87.8

表二　上海同广州向英国出口比

年份	上海出口比	广州出口比
1844	1	7.7
1845	1	4.6
1852	1.7	1
1855	6.8	1

另外促使上海商业迅速发展的就是租界。当时开埠以后，首先是英国人提出来要建租界。理由是英国人在上海做生意，有很多住在城里，因为各自的生活习惯等方面的不同，所以经常会和华人之间产生很多矛盾。当时英国人就以此为由，提出能不能在城外划出一块地方出来，专门给英国人盖房子居住，做生意。于是首先有了英租界。当时的英租界主要是在外滩，延安路（延安路当时不是一条路，是一条河，叫洋泾浜）以北，一直到吴淞江（苏州河）。后来又有了法租界，当时就是法国人仿造英国人的提法，要求建立了他们的租界，法租界是在现在的金陵路、淮海路这一带，基本上就在洋泾浜以南。后来美国人又在苏州河以北地区，就是现在东大名路这块建立了美租界。再往后租界又进一步往西面扩移，基本上延伸到静安寺一带。

千万不要小看租界，租界是上海商业得以繁荣和保持繁荣的重要因素。当时上海的商界有一句话，"只要中国打一次大仗，有一次战乱，上海的经济就会腾飞一次，就会旺盛一次，商业就会繁华一次"。什么原因？因为到处都在打仗，但租界里不敢打，华人也不敢打，日本人也不敢打。最后商人都往租界跑，钱也往租界跑，所以租界的生意反而越来越好。所以说租界从政治角度是一种屈辱，但是从经济发展角度来说，对上海是一个很重要的历史条件。

二、上海近代"新型商业"的发展

上海近代商业被称做是"新型商业"。怎么形成的？当时主要是依托洋货的进口而形成。在开埠之前，我们也有贸易和商业，但那个时候商业基本上还是以农产品、手工制品，还有土制的纺织品为主。因为当时中国的工业很不发达，主要是以国内贸易为主，稍微好一些的东西，都向皇帝进贡了，老百姓拿不到，也无法享受。但到了我们开埠之后，国外的商品进来了，当时有几大类商品，中国老百姓看都没看到过的，开始出现在市场上，相当受欢迎，也就出现了经营这些商品的企业和商人。

有人归结了一下大体是这么几类：一类是纺织品，当时是叫做"洋布"。第二类是五金器械，包含石油和石油制品，还有燃料、染料，笼统称为五金类。第三类是西药，中国人当时生病主要是吃中药，中药当然有它特定的好处，但是效果很难讲。后来西药进来，见效迅速，很受欢迎，这也是在开埠以后。第四类就是百货，也就是国外制造的各种日用工业品。这些商品的进入，最初主要是通过广州，由外国人在中国雇佣的一批熟悉中国市场的买办，在中国建立了洋行，向全国各地贩销商品。上海开埠之后，按照通商条约，外国人自己可以在上海开洋行，开公司，中国的商人就从他们的洋行批发。批发以后，一个是直接在本地零售，第二个向内地转销。上海在开埠之前很多商业主要是前店后工场，后面手工业制作，在前面的店里卖，批发也很少。而开埠之后，开始出现了经销、代销、包销等形式。所以说最早的批发业也差不多是从这个时候开始的，主要是以洋货的经代销为主，然后转售。这也代表了新型商业在形态上的发展变化。因为当时只有五口通商，国内其他地方买不到，别的地方要买这样的商品怎么办？内地很多商人们就会到上海来成批量的采购，然后贩运出去。为了做好这样的生意，他们甚至在上海专门成立了采购处。当时上海出现了全国各地商人开的大大小小的外省采购处"申庄"，就是在上海这个地方专门从事商品转售的业务。"申庄"的开设，同时也促进了物流业和运输业的发展。这样就使得上海真正成为了一个衔接国内外两大市场的枢纽。

几大主要的贸易，如刚刚讲到四大类商业，是怎么发展起来的？

洋布业是当时最早的，也是可以讲是购销最旺的，因为是老百姓的必需品。最早的时候，洋布是通过杂货店销售的。因为它的销售特别好，批量特别大，特别是内地到上海来批发的特别多，所以后来就建立了专售洋布的商店，批零兼营，批发为主。早期最有规模的一家就是"同春洋货号"，当时开在大东门。当时上海的老县城是一个圆形的，中间贯穿县城的主要有两条路，一条就是现在的复兴路，复兴路的东头就是大东门，大东门在现在的复兴东路中山东二路这里。这个地方当时因为靠近黄浦江，又是进城的主要口子，所以商业比较发达，很多的商店都开在这里。第一家洋布纱庄开在这里，后来有更多的像协丰、恒兴等洋布商铺都开在这里，形成了专售洋布的市场。1913年的时候，这里的洋布批发字号已经达到500多家。

第一次世界大战以后洋布业有所萎缩。为什么？主要是因为第一次世界大战期间，英镑暴涨，进口洋布数量下降，国内开始有了自己的纺织业，仿制洋布，技术也有所提高，后来洋布商们开始洋货和国货同销。在20世纪20年代以后，大多数洋布行都改名为绸布商店。棉布和绸布商店发展了起来，1932年有573家，1937年达到700～800家。渐渐这些洋布商包括棉布商也开始集聚，形成一些比较大规模的棉布集团和棉布企业。上海人比较熟悉的就是三大

旧上海商业街景（四马路）

布商：协大祥、宝大祥、信大祥。现在可能有人要问，宝大祥不是专门卖青少年和儿童用品的吗？没错，现在我们很少能够看到谁去买布，甚至现在都很难找到布店。如果想买布的话，可以到七宝去看看，七宝老街外面的青年路上有一家布店，生意也很好。而现在南京东路宝大祥青少年儿童用品商店的位置，就是原来宝大祥绸布店的位置。当然也是搬过来的，最早的宝大祥也不在那里，也在大东门那儿。这里面还有一些故事。实际上，最早开的是协大祥。当时上海有个协祥棉布店，是两个老板合伙开的，都是宁波人。他们生意做大以后，就让一个姓孙的职员到大东门外开一个门店，让他去单独经营。孙琢章这个人很精明，当时他只是一个职员，单独开门店，做了掌柜，新开的棉布店就叫协大祥。意思是你们叫协祥，我比协祥还要大，所以叫"协大祥"。他独揽了所有的经营权，两个老板插不上手。当时两个老板就生气了，跟他谈判好几次，说"你不能不向我们报财务，不向我们讲经营"。孙琢章不理他们，老板们就撤股了。"撤股"是什么概念，就是把他们的钱抽回来。当时股份一共有 12 股，两个老板占 11 股。孙琢章是 1 股，还是老板们送给他的。老板们撤股后，他就剩 1 股。就是这 1 股的资本他仍然坚持下来，越做越好。后来这两个老板就感觉到不行，就在他的边上又开了几家店，新开的布店他们起的新名字就是"宝大祥"。所以协大祥、宝大祥，最初都是同一个老板。宝大祥发展得很快，后来又有信大祥，这几家店到解放以后都留了下来。当然战争期间也都有过迁移。

五金业是怎么发展起来的？因为上海是一个港口，有了轮船以后，轮船都不是木头的，很多地方需要五金器械来进行维修的。后来随着上海的发展，五金器械、五金材料变得相当热门畅销。第一个开五金店的人叫叶澄衷，这个人后来成为上海的"五金大王"。如今上海财经大学的边上有一个叶家花园，就是叶澄衷家族的。这个园子并不是叶澄衷所建，而是他的儿子叶贻铨，子承父业，也是搞五金贸易，做得很大。叶贻铨这个人蛮重情义的，他有一个老师是上海医学院的院长，一直跟他讲："我们现在上海肺病不得了（当时就像是癌症一样，得了就要死的），肺病越来越多，我们想建一个隔离医院。"他想专门建立一个肺科医院。于是叶贻铨就把这个花园送给了他的老师。这个肺科医院一直保持到现在。

叶澄衷这个人当时怎么会开五金店的呢？他原来是做小百货的。为了做生意，他和在黄浦江里那些船上的洋人做生意，划个小船，把他们要的东西送上去，卖给他们。有的时候船员没有钱，船上的洋人就把他们很新奇的五金工具拿去抵钱。他也很喜欢，国内从来

"五金大王"叶澄衷像

没有看到过这些。于是他就把洋人船上的五金器械、五金工具，包括油料、油漆什么的，一点点拿回来，放在店里卖，销售很好。人家一看很新奇，都没见过，都想买。后来他专门去到船上问人家要这些东西，拿回来卖。渐渐地做大了，他就在虹口区的百老汇路（今大名路），开了第一家专业五金商店"顺记洋什货店"。渐渐地上海五金业发展很快，后来又发展了钢铁、玻璃等产业。

上海五金业当时主要是以进口商品为主，钢铁80%～90%都是进口的，五金器械在90%以上。铜锡中国也有，但进口率也达到50%，金属零部件进口也在50%左右。总的来看，当时五金业的进口商品占到 85％。第一次世界大战期间，五金商品需求激增，上海在 1914 年至 1918 年间五金商户由 141 户激增到 253 户，到了 1937 年，上海的五金商户总数达到了 897 家，成为开埠以来继洋布之后一个重要的行业，也是重要的新型商业之一。

还有就是西药。最早西药都是洋行兼营的。一直到 1888 年，当时有一个华商顾松泉在上海开了第一家"中西大药房"，这个名称一直延续到现在，已成为上市公司。最早中西大药房开在城里，后来搬到了福州路山东路路口。随着上海城市的发展，对西药的需求越来越大，所以西药业发展也很快。到 1936 年，上海华商的西药房已经达到了 166 家，年营业额达到 4151 万元（大洋，即银元）。西药业也成为上海新型商业中相当重要的一个行业。

最后是百货。前面几个行业虽然发展很不错，但都是比较专门的行业。真正把市面撑起来的不得不讲是百货业。最早上海在没有现代百货业之前都是些杂货店。当时的杂货店销售全国各地的商品。在上海比较受欢迎的，或者说有吸引力的，最早就是京货。因为在

旧上海西药店

我国封建社会的时候，好多东西都是进贡的，送到北京给皇帝用的，老百姓不可能接触到。包括景德镇最好的官窑瓷器，都是专门送到皇宫的。送到皇帝宫殿里的东西，如果有剩余的，或者有些是旧的处理出来的，对老百姓来讲仍然是好东西。还包括当时外国人进贡的东西，比如钟、表，有时有人会倒卖出来，从宫里流到民间。当时有一批商人专门做这个生意，他们把杂七杂八的化妆品、钟表、家庭器具，包括锅碗瓢盆，放在一起卖，这就是京货店。后来还有一些乱七八糟的杂货哪里来的呢？广州。因为当时只有广州有对外贸易。有人把广州的东西拿来卖就叫广货店。上海在现代百货出现之前，有百货含义的一个是京货行，一个是广货店，也有把这两类放在一起的就是京广杂货店。一直到 19 世纪末，上海的京广百货店大约有 200 多家，到 1925 年就达到 400 多家，这里面洋货占 70% 左右，国货占 30% 左右。

到了 19 世纪中期，上海才有了现代意义的百货商店，是专门销售直接从国外进口商品的百货商店。首先是由洋人开的。1844 年，英国人 Hall & Haltz 开设的"福利公司"，这个可以讲是上海第一家百货商店，当时的福利公司是开在四川路南京路这里。后来有一家"汇司公司"也开出来，先是开在宁波路浙江路，到了 1895 年的时候，也搬到了江西路南京路。还有一家是泰兴公司，是香港的老板开的。另外一家是惠罗公司，保留至今，在四川路南京路路口。惠罗公司最早开在印度，上海这家惠罗公司相当于是分支机构。这四家公司当时主要销售的是国外的百货商品，全球百货。当时开这些洋货公司，主要为了满足在华的外国人的需要。因为生活习惯，他们喜欢用自己在国外用过的生活用品，在中国买不到，于是就有了

旧上海四大百货公司之一——先施公司

这些洋百货商店。这些百货商店的顾客最早是以洋人为主，用的都是外币，后来才开始对华人开放。

　　从 20 世纪初开始，一些华人资本就开始在上海建立规模宏大的百货大楼，比较著名的就是销售全球百货的四大公司，先施、永安、新新、大新四大公司。先施公司建于 1917 年，位置就是现在南京路浙江路口的上海时装商店，它是最早由华人开办的大型百货商店。先施公司的创办人马应彪，最初于 1900 年在香港开了第一家先施公司，1911 年到广州开了第二家。因感到上海的商机和氛围不错，就募资在南京东路开了这一家先施百货公司，共五层大楼，商场面积达 10000 多平方米。1918 年，华侨商人郭乐又在先施公司对面开了永安公司，营业面积也有 6000 多平方米。后来在先施公司的隔壁，就是现在上海第一食品商店的位置，又开了一家新新公司。新新公司是 1926 年开的，其发起人刘锡基原是先施公司的司理，后因与公

上海之魂是怎样炼成的：近代上海商业的繁荣与发展

司之间的矛盾，拉了一名同事，并在南洋兄弟烟草公司的支持下，开设了新新百货公司。最后就是大新公司，它就是现在的上海市百货一店，在南京路西藏路口。大新公司的创办人叫蔡昌，早先在香港开设大新公司，业绩不错。1932年就到上海南京路建了这家大新公司。还有一家没有列入四大公司的就是"丽华公司"，在20世纪90年代南京路第一轮改造以后才把它拿掉。现在十号线和二号线换乘的南京东路地铁站，就是原来的丽华公司的位置。

这几个公司的特点是什么？销售全球百货，规模很大，分商品部，全球采购。这就是现代意义上的百货公司，即分部门的商店（department store）。当时这么大规模的百货商店很少。先施公司是7层高楼。永安公司1933年还在南京路浙江路口建了19层，高92米的新永安大楼，也就是人们常说的"七重天"，当时是仅次于国际饭店的上海第二高楼。大新公司则引进了上海最早的自动电梯。还有很多特点，这四大公司当时都有现代购物中心的雏形。不仅仅是

先施公司开设的屋顶花园——沪行天台乐园

卖东西，里面餐饮、娱乐什么都有，有电影院、台球房，还有舞厅，而且都配有旅馆，永安公司当时是大东旅社，先施公司叫做东亚旅馆。还有高档浴池，上海著名的"浴德池"就是先施公司的，很豪华，可以洗澡的地方。这种现代化的百货商店，当时在上海就已经出现了，所以使上海成为了一个商业魔都。

上海还建立了全国最早的物品交易所，也就是现在的证券期货交易所。1919年，由虞洽卿和闻兰亭发起，建立了"上海证券物品交易所"。其实在此之前，1916年时，孙中山就曾经和虞洽卿向当时的农商部报告，想要建立这个证券物品交易所，但没有得到批准。后来日本人1919年初在上海搞了一个"取引所"，就是证券交易的性质，很赚钱。虞洽卿和闻兰亭就再向北洋政府报告，1920年正式获批开办了证券期货交易所。

当时证券交易所发展很快，也很赚钱，后来又建立了很多新的交易所，如上海面粉交易所、上海杂粮油饼交易所、华商棉业交易

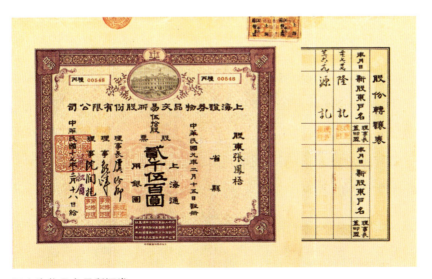

旧上海物品交易所证券

所、上海棉纱交易所等等，最多的时候多达 112 家，后来经过了一场金融风暴，即 1921 年底的信交风潮，大多倒闭，最后留下来的就是 6 家。这也说明了，上海当时的商业已经发达到什么样的程度。不仅仅有现货交易，也有期货交易，已经具备现代商业之都的性质。20 世纪 20 年代到 40 年代之间，实际上是上海最为繁荣的一段时期。

三、上海近代商业的布局及其变迁

下面谈谈商业的区域分布与变迁情况。上海商业布局是怎样变迁的？

现在上海商业布局，大家都在提商业中心。上海各个区都想成为上海的商业中心，然而，我认为城市商业的布局，商业中心的形成，很大程度上也取决于它的历史渊源，有的时候很难改变。

明末清初的时候，当时上海的商业主要集中在老城厢。因为它是一个县城，县城之外都是农地，现在的城隍庙周边，从人民路中华路这一圈，就是围起来的一个城，城外主要有两条河，北边这条是洋泾浜，就是现在的延安路，南面一条是叫肇嘉浜，就是现在的肇嘉浜路。东边黄浦江，再往北就是苏州河（当时叫吴淞江），基本上是这样的格局。城外在没有租界以前，基本都是农地。商业主要集中在城内。

一直到开埠之后，从城内向城外发展的主要方向，是沿着黄浦江发展。大东门和小东门这带，新开河地区一直延伸到复兴路这里。还有南门这一带，这些地方的商业是比较集中的。据 1910 年的统计，上海老城厢的周边一共有商户886家，涉及43个行业。还有就是现在的方浜路，出来就是小东门，往西一直到老西门，也是商业比较繁荣的一条路。小东门往北有一条街叫洋行街，当时主要是洋人开的店。在租界建立之前，大体是这样的格局。

租界建立之后，租界的人口迅速增加，消费的需求也不断增加。因为租界是新规划的，又是洋人规划的（万国博览会的建筑都是洋人设计建造的），道路很整齐，不像过去老城厢，都是石块砌起来的弹格路，而在租界里都是水泥路。到19世纪末，租界内华人人口已达到40多万，1916年达到了60多万，为商业发展创造了良好的条件。很多商人开始把商铺迁移到租界里。先是在外滩这一带出现了很多商业，后来沿南京路向西。当时最主要的商业街有两条，一条就是沿南京路往西，一直到跑马厅（现在西藏路）这一带；还有一条是广东路，当时也是很热闹的。为什么广东路也很热闹？因为那个时候洋泾浜还是一条河，广东路恰好是濒临洋泾浜的一条路，洋泾浜里各地来往和停泊的船很多，装卸货物也很方便，所以当时很多店铺搬到那里去，沿水发展。后来紧邻的福州路等也渐渐发展了起来，商铺也很多。这一带就成为上海最为繁华的商业中心，一直延续到现在。1906年统计，上海租界内有店名的店号达3177家，涉及52个行业，英租界最多，有1885家，占59%。另外就是法租界，当时的霞飞路（现淮海路）一带，也有很多商业集聚，后来又发展到了静安寺、南京西路这一带。

"八一三"事变以后，日本人打到上海，使得当时的黄浦区、静安区一带，成为再也不能动摇的上海商业中心。为什么？因为华界很多商家在战火面前不得不往租界跑。一是因为时局动荡开不下去。

再者，人都跑到租界里面去了，特别是有钱人，所以许多商家都跑到租界内，就使得租界内的商业变得异常繁荣。

现在上海最有名的五金街在哪？北京路一带。但当时上海第一个五金店比较集聚的地方就是虹口区东大名路一带。因为沿着黄浦江，有码头，做五金生意比较好。结果为什么会跑到北京路呢？打仗，没办法，他们都跑到租界内北京路这里，使得北京路成为五金一条街。

还有当时城隍庙一带集中了大批珠宝、玉器、古玩、文房四宝的商家。仗一打起来，都往租界跑，都跑到繁华的广东路来了。后来广东路就成为古玩一条街，包括笔墨书画，如曹树功、周虎城，都往广东路河南路一带跑，成了文化用品和古玩一条街。再后来又延伸到了福州路。这些专业街很多都是在"八一三"打仗以后形成的。进入租界以后他们自己会归类，本来不归类的，到了那里，同行们你在那儿开，我也在那儿开，渐渐变成现在这样了。棉布、制衣店大多数都是在西藏路一带比较多（还有就是静安寺），渐渐地在租界里形成了一些有一定专业分工的商业集聚。而这个集聚对现在上海商业发展也形成很大的影响。上海现代商业的布局规划不得不以历史为基础。在上海人的心中，买什么东西到哪儿去，他们还是很有想法的。

据有关统计，1938年南京路（今南京东路）有商号277户，西藏路有商号242户，静安寺路（今南京西路）有商号378户，法租界霞飞路（今淮海中路）商业也日趋繁荣。上海"孤岛"时期，租界内商业畸形繁荣，当时的大小百货商店就达1000多家。抗战期间上海的商业不仅没有衰落，反而异常繁荣。尤其是在租界，太平洋战争爆发前租界的生意相当好。后来日本人进入到租界之后，也不敢打压，仍然是保护，使得上海的商业因此延续下来。"四大公司"永安、先施、新新、大新，在抗战期间生意极其火爆。1941年的营业额同1938年相比，永安公司是当年的6.5倍、先施公司是6.6倍、新新公司是7.3倍、大新公司是6.8倍，都是成倍地往上涨。有人开玩笑说他们是发国难财，但这恰恰证明了特定的"租界效应"在上海商业的发展和布局中所起的作用。

上海近代的商业布局直接影响上海商业的总体分布。一直到20世纪90年代，上海零售商业的布局仍然是以"四街（南京路、淮海路、西藏路、四川北路）一城（城隍庙豫园商城）"为基本格局。

四、上海近代的商业组织

上海商业的发展确实是一个"海纳百川"的格局，在上海开设企业的商人来自全国各地。为了相互扶助，同时也为了协调利益，他们往往会自发地形成一些组织。最初主要是以地缘为基础的同乡商会，也有以行业为纽带的同业公会，以后就渐渐形成了以本地区域划分的县商会等。1902年，在向外商商会学习的基础上，上海建立了第一个总商会，名为"上海商业会议公所"。该会议公所共有会员70多人，涵盖五金业、洋布业、参药业、丝业、茶业、花业、豆业、铁业、煤业、木业、银行业、营造业、沙船业、农垦业、典质业、买办业以及纺织厂、造纸厂、轮船招商局、电报局等20多个行业，会员则是来自浙江、广东、福建、江苏、安徽、江西、山西、四川等地在沪的商人。严信厚为第一任总理，并议定了6条章程，

旧上海总商会外景

即"明宗旨,通上下,联群情,陈利弊,定规则,追通负"。1904年,在清政府商部衙门的支持下,上海商业会议公所改组为"上海商务总会",会员总数扩展为 171 名,其中各类商号的代表 121 名,占会员总数的 70％以上;并重新修订了章程,明确了联络同业,调研商情,维持公益等基本职能。

另一种与商业关系更为密切的商业组织是"马路商联会"。马路商联会是以商业街为基础组建起来的商业联合组织,主要出现在 20世纪 20 年代。如当时有南京路商联会、山东路商联会、汉口路商联会等,也有将附近几条马路合在一起的组织,如天潼路、福德路组成的天潼路商联会,四川路、崇明路组成的四川北路商联会,以及由福佑路、张家路、穿心街、旧校场路组成的东北城商联会等等。与商业总会不一样的是,这些马路商会一般都是由沿街的中小店铺联合而成,主要是为了协调商业街区的商业布局和商业活动,组织制度十分民主，会长由全体成员选举产生。同时马路商会是一种跨行业的基层商业组织，不同于同业公会等主要是以行业为主的商业组织。

上海商业组织的出现，不仅反映了上海近代商业的繁荣，也反映了上海近代商业企业谋求同心协力、共同发展的精神，这是促使上海商业和上海城市日益增长与繁华的重要因素。

五、上海商业发展塑就城市精神

最后，还想谈一下上海近代商业发展同上海城市精神之间的关系。

上海的城市精神为"海纳百川、追求卓越、开明睿智、大气谦和"十六个字，这一表述形象而深刻地反映了上海这座超大型城市的社会形态和人文精神。然而推动这一特征鲜明的城市精神形成的巨大动力之一就是上海商业的繁荣与发展。正是商业的集聚和运营，才使上海有了"海纳百川"之形态；正是商业的竞争与筛选，才使上海有了"追求卓越"之动力；正是商业的理性与智慧，才使上海有了"开明睿智"之内涵；正是商业的合作与共赢，才使上海有了"大气谦和"之气度。以商兴市的上海近代城市发展历程，使上海具备了富有特色且魅力无穷的城市形象和城市精神。而商业所具有的"开放、竞争、创新、包容"之特有文化是促使上海这一城市精神得以形成的主要动力。

首先，只有"开放"才可能有万商云集的商业氛围，才可能有琳琅满目的全球商品，才可能有海纳百川的文化交融。上海之所以能成为当时中国最大的国际商贸中心，除了其良好的自然环境之外，"五口通商"之后不断开放，以及建立租界之后营商环境的自由化、国际化程度不断提高是十分重要的原因。当然当时的开放是在帝国主义武力逼迫之下的被动开放，而今天当我们国力强盛的情况下，更需要有以全球战略思想为主导的主动开放。

其次，只有"竞争"才可能优胜劣汰，才可能形成追求卓越的商业生态。上海近代商业的发展过程就是一个以适应市场为准则的择优汰劣的过程，从而为上海留下了一批品质优秀的老字号企业和开明睿智的企业家人才。更重要的是形成了以市场为主导的公平竞争的商业游戏规则。

再次，只有"创新"才可能在竞争中得以生存，只有"创新"才可能促使上海商业不断进化，不断提升，成为对海内外消费者具有吸引力的消费天堂。近代上海商业的发展过程中，充满了商业企业家的创新智慧和创新实践。如当时在国外洋货压境的情况下，一些中小商店就实施"错位经营"，调整商品结构，专卖适应中低消费层次顾客的价廉物美的商品，取得了良好的业绩。而各大百货公司则各出奇招，营造特色，吸引消费者。如先施公司的屋顶花园，永安公司的天韵楼娱乐场，新新公司的"玻璃广播电台"，大新公司的自动扶梯等，都产生了很强的引客效应。当时为了争夺客源，一些大型商业企业还创新了"凭折赊账"等信用促销手段，在市区范围内免费送货上门，并发行礼券。商业的创新思维也促进了城市的创新意识，从而使上海成为一个能让人不断感到惊喜的魔都城市。

最后，只有"包容"才能形成良好的商业竞合关系，才能形成大气谦和的上海都市气质。上海近代商业企业家大多重视合作，讲究互利，遵守规则，乐于行善，使上海商界有一种"儒雅"的氛围。如上海商务总会在其章程中就明确了三条宗旨："联络同业，启发智识，以开通商智"，"调查商业，研究商学，备商部咨询、会众讨论"，"维持公益，改正行规，调息纷难，代诉冤抑，以和协商情"，充分反映了当时上海商界的共同心愿和良好素养。这种精神的代代传承，才有了上海这座城市"开明睿智，大气谦和"的精神文化。

最后我再强调一下，衔接国内外两大市场应当是上海商业的立足之本。我始终反对上海像江浙两地那样，去搞什么加工业，上海绝对不能这样。我写过一篇文章，我认为上海应该发展平台经济。什么是平台经济？不是我们自己来做什么，而是我们要让人家到我这里来做什么。要让国内外更多的企业和商家愿意到上海来发展他们的事业。吸引全世界大公司，吸引全国的创业人士，也吸引全国的商家，能在这里形成衔接国内外两大市场的枢纽功能，上海就成功了。什么原因呢？很简单，上海没有特色的资源，它的资源就是在于它的文化，在于它的环境，在于它的历史传承，上海要利用好这种优势来发展，上海才能成功。

上海之魂是怎样炼成的：近代上海商业的繁荣与发展

吴景平

中国人民大学法学博士，复旦大学历史系教授，复旦大学中国金融史研究中心主任，近代中国人物和档案文献研究中心主任，国家社科基金评审专家，上海市文史研究馆馆员，中国史学会理事，中国抗日战争史学会副会长。主要研究领域为财政金融史、中外关系史、中华民国史等。主要著作有：《政商博弈视野下的近代中国金融》《上海金融业与国民政府关系研究（1927—1937）》《抗战时期的上海经济》等；主编《中国金融史集刊》《复旦—胡佛近代中国人物与档案文献研究系列》《中国金融变迁研究系列》《上海市档案馆藏近代中国金融变迁档案史料汇编》等。

上海金融的百年历史变迁

上海是远东的国际金融中心。但是，如果我们把历史的眼光回溯一个半世纪，或者更久远的话，我们会发现，上海金融业的发展和变迁，是近代中国社会艰难转型和前行的缩影。

一、得天独厚：上海发展金融业的优势和条件

上海是长江的入海口，位于中国海岸线的中部，海陆交通非常便利。江浙一带是近代中国经济最发达的地区，商业贸易随之兴起。交通便捷与商贸发达结合在一起，必然有大量的资金服务需求。此外，近代中国第一块租界就是在上海产生的。1845 年，英国提出要在上海有一块相对固定的区域，让商人们居住从事商贸活动。后来，英、美、法三国和当时的上海地方政府达成关于在上海设立租界的协定。租界是半殖民地中国的产物，也是近代中国屈辱的见证。租

界建立后，很多外来的新鲜事物陆续经由上海传入中国，包括金融机构、金融理念和金融实务等，这给上海带来了其他地区所不具备的条件和优势。

伴随着上海开埠，在原有商贸发展的基础上，近代一些著名工业集团开始出现，如江南制造局（今天江南造船集团的前身），是中国第一家专门从事重工业生产（如当时的武器、炮舰等军火工业品）的企业。还有上海机器织布局、轮船招商局和电报局等。近代中国的轻工业，如棉纺织业、面粉业、火柴业等，也是在上海率先出现，并形成了相应的行业和产业规模。

企业的发展需要资金，需要专门的金融服务。一方面，需要用资金的时候，企业希望有专门的机构可以把钱贷放给它，当它有了经营收入的时候，也需要暂时或者长时间地把资金委托专门的金融机构存放起来。这些都为上海金融在传统低水平的基础上起飞，迎来近代意义的金融业的产生，创造了经济与社会前提。

二、上海金融业的四大特征

上海的金融业不仅为本地的工商业服务，也不仅为上海这座城市服务，还积极辐射周边，扩散到了整个长三角。某种程度上可以说，只要金融网络所达之处，都是上海金融业的服务对象。大致来看，上海金融业具有四大特征：

一是进取心。上海的金融企业，无论是传统的钱庄，还是后来的华资新式银行，都有着非常强烈的进取心。它们必须实时关注市场状况，关注市场的客观需求，抓住转瞬即逝的机会，否则就可能面临被淘汰的风险。如上海作为最初的通商口岸，新增大量金融业务。到第二次鸦片战争前后，随着中外之间海运路线缩短和电讯业的产生，中外贸易扩大，口岸金融业务发展迎来新机遇，上海钱庄业便抓住这一机遇，业务上从单纯货币兑换，扩大到存款、放款、汇划、签发庄票、贴现等，提升了整个钱庄业在上海社会经济的地位。以后上海钱庄业抓住洋务运动带来的新的机遇，开始与近代工矿业发生关系，争取工商存款，并向工厂企业提供信用放款。

二是开放性。上海金融业的发展变迁，充分体现出上海是一座

宁波路 9 号，上海商业储蓄银行最初营业处

开放的城市。

　　最初的时候，上海没有几家金融机构，都是规模较小的钱庄。但上海敞开胸怀、海纳百川，欢迎各地、各路的资金和投资者，许多金融机构拔地而起。上海钱庄业的早期发展中，来自浙江绍兴、宁波和湖州等地的商帮起了重要的作用；而来自江苏地区的有苏州帮、洞庭山帮、镇江帮和通州帮，也是不容忽视的投资者和经营者。在银行业方面，虽然上海是第一家华资银行的诞生地，但接纳了更多的异地银行将其总行迁入上海，如来自天津的中孚银行、中国实业银行、东莱银行，来自北平的新华商业储蓄银行和中国农工银行。迁入上海之后，这几家银行都有了很好的发展。特别是 1935 年和 1936 年，在国内银行业影响巨大、在北方地区根基颇深的盐业银行、金城银行的总行，也分别从北平、天津移至上海。至于政府银行系统中的中国银行、交通银行和中国农民银行的总管理处或总行迁入上海，则是上海属于全国性金融中心而非地方性中心的典型例证。

　　三是包容性。上海的社会环境和社会风气，可谓"英雄不论出身"，创业者群体中不仅有诸多精英，也有来自底层的草根；虽然有一帆风顺者，但允许失败，允许跌跟头，各行各业的人都可以进入金融行业；创业资金多寡不论，都有成功的机会。如上海福源庄和福康庄经理、并长期出任上海钱业公会会长的秦润卿，1891 年刚到上海时只是协源钱庄的学徒，到 1917 年被提升为经理。先后担任过中南银行总经理和交通银行董事长的胡笔江，其初入银行界时也只是交通银行北京分行的普通行员。后来位居"南三行"之首的上海商业储蓄银行，在 1915 年创办时，包括总经理陈光甫在内只有 7 位投资人，实收资本额不到 10 万元，这和当时别的银行比起来，实在

沪北钱业会馆落成于光绪十五年（1889），图为沪北钱业会馆内的"财神殿"

是微不足道，还不及一家一般规模的钱庄。那一年，其他银行的资本，官办的中国银行和交通银行且不说，私营的浙江兴业银行是75万元，盐业银行是150万元，中国通商银行是250万两（约合350万元）。上海商业储蓄银行是当时上海银行业中资本额最少的一家，其规模连"小"都谈不上，而被称为"小小银行"。然而，经过十年的苦心经营，1926年上海商业储蓄银行的资本额增为250万元，资产总额超过4700万元；再过10年，该行光是存款额就达到了2亿元。无论是金融业内部，还是金融业与其他行业之间，上海所具有的包容性是很多地方不能比拟的。

四是合作精神。在上海的投资者和金融活动家，既有来自全国各地的，也有来自海外的。市场竞争的残酷性需要彼此的团结合作。金融业的资金关系是一个链条，一环一环紧密相扣，尤为需要所有参与者恪守信用。如果哪一家出了问题，凡是与其有业务往来的机构，都

会遇到困难。所以，合作的精神、合作的意识、合作的行动都是不可或缺的。在上海金融业的发展变迁中，可以看到非常充分的合作精神。以上海的银行业与钱庄业的关系为例，中国人自办的第一家银行中国通商银行在上海筹建期间，就聘请了上海钱庄业的重要人士陈淦出任华大班。随着华资银行业的兴起，原来钱庄业的市场份额不断为银行业所挤占，但银钱业之间的合作关系始终是主流，如钱庄业长期主持包括银行业在内的整个上海金融业的同业往来汇划清算，为此各银行须向钱庄预存相当额度的款项以备清算之用。又如，南京国民政府向上海金融业下达的历次垫借额，先由上海银行公会与钱业公会经过友好协商确定两业的分担额度，再由银行业、钱庄业各自内部通过协商最后确定各家的承担额；银行业通常由中国银行、交通银行共同承担总额半数之上，其他银行再依照规模确定承担额。而在面对社会和工商各界的场合，上海银行业和钱庄业更多的是以"银行两业"或"银钱两会"的名义联合共同表示立场。1935年发生金融恐慌时，银钱业组成了联合救济机构。再从个案来看，1930年代初交通银行曾聘请钱业领袖秦润卿出任交行上海分行经理。

当然，进取、开放、包容、合作不仅仅限于金融业，在社会其他领域也存在。但在金融业中，这些都是不可或缺的，甚至成为行规。例如，当时上海的银行公会和上海的钱业公会都明确要求会员必须遵循相应的规范性要求。

三、近代上海金融业的三大类型

传统向现代转型中，中外银行展开激烈市场竞争。在传统与现代之间，近代上海金融业主要有三种类型。

第一类是传统的钱庄。

中国早期形态金融市场的主体，在北方以山西票号为代表；在长江中下游，则为钱庄业，到清代中叶，已形成宁波、绍兴、杭州、苏州和上海等地方性钱业市场。就上海而言，清乾隆年间已有钱业公所的设立，说明当时钱庄已经具有独立行业的规模，已有固定的交易市场。待到19世纪40年代开埠后，上海的商业贸易有了较大的发展，中国的贸易中心从广州北移至上海，钱业市场更加活跃，上海的钱庄不仅经营货币兑换等传统金融业务，而且所开发出的庄票这一特殊信用工具，广泛为多地的华洋商贸往来接受，上海钱庄业可以从外商银行和票号获得拆款。到19世纪70年代，上海钱庄

曾经的江西路上钱庄、银号林立（1942年摄）

业的规模已经有 100 多家。江浙两地如宁波、绍兴、杭州、苏州、镇江、南京的钱业市场与上海的钱业市场有密切联系，其行市多以上海的钱业市场为导向，可以说上海已经具有了区域性金融中心的地位。

上海钱庄掌握着洋厘和银拆，拆息行市是上海金融市场乃至全国资金供需情况最灵敏的寒暑表，申汇成为极有市场功能的一种国内汇兑。钱业市场不仅是上海金融市场的早期形态，而且与银行、证券、信托等其他近代金融市场交织在一起，并长期共存，成为近代中国金融市场的重要组成部分。钱业市场对上海乃至全国的金融市场影响巨深，牵一发而动全身。

钱庄主要采取合伙制，甚至主要投资人限于家族成员，并采取无限责任制，一般而言直接投资不大，主要业务除了钱币兑换外，主要做信用放款，面向数量诸多和经营规模较小的客户，这些客户通常被排拒于外商银行之外，主要依靠来自钱庄业的放款和其他金融服务，可以说是钱庄业业务经营的"基本盘"。钱庄从事的信用放款手续灵活简便，不以抵押为必要前提，而是建立在与客户之间的彼此相识了解与信任的基础之上。上海钱庄的业务内容和经营方式，与社会经济的联系密切，商业成本较低，这是该行业历经社会重大变迁仍得以长期存续的基本原因，虽然其在整个金融市场的地位由主流而逐渐边缘化。

应当指出，随着钱庄业规模的扩大，信用放款涉及的客户数和业务额的增加，相应的失信就难以避免，尤其当社会时局动荡的时候，钱庄与客户之间以及钱业同业之间的信用链受到冲击，甚至发生行业性的危机。不仅在金融业内部，甚至在整个工商界，都曾质疑钱庄的产权组织和主要经营方式的合理性，认为钱庄应当改制为股份有限公司制，变信用放款为抵押放款，钱庄业应当置于与银行业同样的监管之下。上海钱庄业了不起的地方在于，虽然其产权制度和经营方式比较传统甚至落后，但当传统遇到近代化的时候，钱庄业在坚持服务中小商业和社会底层的同时，并没有停止行业改革前行的步伐。在转型发展的过程中，钱庄也开始签发支票，成立联合准备库，共同承担行业风险，甚至也采取了股份制形式。从1930年代初国民政府颁发《银行法》从而提出钱庄转制问题，以后陆续有钱庄改行股份制或新设钱庄即为股份有限公司制，例如，近代著名企业家荣德生投资钱庄业，帮助钱庄业从原来的合伙制变成股份制，规范发行股票，实行账目公开，以取信于新一代的城市居民和工商业者。从整个钱庄业来看，上海钱业公会均接纳相关股份制钱庄为公会会员，直至全部钱庄均采行股份制。一直到上海解放和新中国成立初期，作为上海资格最老的金融机构，钱庄的作用依然是不可忽视的力量。

第二类是外商银行。

外商银行是中国最早出现的近代意义上的新式金融机构。第一次鸦片战争结束后不久，英商银行便率先登陆中国，自1845年英国在香港设立丽如银行，以后各国银行纷纷进入各主要口岸城市，到1897年出现第一家中国人自办银行——中国通商银行，在近半个世纪里，在华开业的外国银行已经达20余家，从全国范围来看，上海是外国银行进入最早、数量最多的城市。上海早期的外商银行有东方银行、汇隆银行和阿加拉银行，它们在后来因为种种原因都停业了。这说明，无论是本土的钱庄还是外国银行，都要经历市场的竞

上海金融的百年历史变迁

上海最早出现的银行——英商丽如银行（出自中国工商银行编：《上海市银行博物馆藏品集》）

争考验。在上海，并不是说只要带个洋字头，就可以保赚不赔。一方面，外商银行之间的竞争本身就非常残酷；另一方面，随着中国民族工商业和金融业的发展，外商银行的发展并不如想象的那样一帆风顺。

鼎盛时期，上海曾有 30 家外商银行同时开业。上海的外商银行可以视为在华外商银行的主体，在华洋贸易、对华贷放、吸收高端阶层存款，以及在证券、保险、金银和外汇行市、国际汇兑等业务方面，确立起了主导性甚至垄断性的地位，给中国本土金融业带来很大的冲击和激烈的乃至生死意义的竞争。应当说明的是，近代在华外商金融机构应当被看作是完整意义的中国金融业的组成部分，其在中国市场上攻城略地、所向披靡，既是中外关系领域不平等关系、列强在华种种特权、势力范围使然；但外商银行独立于一般洋行之外开拓新市场的进取精神，以及在资金的获取和运用、新业务

日商横滨正金银行（出自中国工商银行编：《上海市银行博物馆藏品集》）

1865 年，英商汇丰银行（Hongkong & Shanghai Banking Corporation）上海分行在外滩南京路转角设立。1874 年，迁入位于福州路外滩（外滩 12 号）的这幢大楼

新市场的拓展培育、国际化等方面不容争辩的优势，是刺激与催生华资新式银行业的因素之一，并且是华资银行业基本制度建构和经营管理的主要借镜，甚至在某些领域是重要的合作伙伴。对于不同时期、不同情况下的外资银行的作用，特别是与华资银行业的关系，应作客观、具体的分析和评价。

在外商银行中，不得不提的是英国渣打银行和汇丰银行。它们和一般的英商银行、外国银行不一样。一方面，这两家银行资本非常雄厚。另一方面，它们的经营方针非常明确——坚持发行钞票占领市场份额。这是很多外商银行不敢做、不能做的。此外，这两家

华俄道胜银行旧址，今天的中国外汇交易中心（出自中国工商银行编：《上海市银行博物馆藏品集》）

银行还愿意向同行贷放，在帮助别人的同时，获得商业上的主动。近代中国的战争赔款，很多是通过外商银行的借款来偿还的。由此，导致中国的财政、海关等被外国势力所控制。在抗日战争期间，外商银行对中国政治和市场的依赖性也使其遭受到了惨重的损失。新中国成立后，很多西方银行都走了，但这两家银行始终不走。到改革开放后，这两家银行又率先在中国内地开展业务、扩大规模。

第三类是华资新式银行。

1897 年，上海成立了由中国人和中国资本开办的第一家银行——中国通商银行，标志着华资新式银行业的产生，可视为中国金融现代转型的一件大事。此前朝野有识之士多年呼吁建立本国银行，但屡议屡辍，最终政府决策部门之间、政商之间逐渐就在上海设立第一家华资银行形成共识。

中国通商银行的建立，是一个非常了不起的成就，但在筹建的过程中，也曾有过各种不同的意见。要不要办？怎么办？官办还是商办？办在哪里？当时，主事者盛宣怀在倾听不同意见的时候，几

中国通商银行上海总行旧址（今上海外滩 6 号）

次陈述说："我们要办这家银行，名义必须是商办，地点必须是上海。"直到今天，他的相关见解也体现出一种超前的、开放的、国际化的意识。

中国通商银行创立时，额定资本500万两，先收半数250万两，其中盛宣怀主持的轮船招商局和电报局所认股款额最大，达到了90万两，盛宣怀本人名下为73万两，其他在沪总董亦有相当数量。可以认为，通商银行的主要投资者是官督商办新式企业、盛宣怀等洋务派官僚、部分新式商人三部分所组成。由此为发端，华资银行逐渐成为中国金融业的主导性力量。

中国通商银行并没有严格意义的官股，但开办时户部拨存官款100万两，邮传部在通商银行也开有存款户。此外，从1897年到1911年，沪宁、京汉、粤汉、华北、汴洛、沪甬杭等铁路在通商银行的存款，合计达500万两。其他官督商办企业也在通商银行有大量存款。上述官款、路款和官督商办企业的存款，在数额上大大超过一般私人存款，为设立初期的通商银行的营运提供了主要资金，同时也获得了可观的利息收益。通商银行的资金运用方面，则主要有钱业拆借、工矿业和洋行放款。虽然工矿业放款中官督商办企业占有较大比例，但总体来看属于"在商言商"。

中国通商银行在上海的酝酿筹设以及初期运作，成为尔后中国出现新式银行业和相应制度构建的先声。不久，在推行清末新政的进程中先后设立的户部银行和交通银行，都在上海设有分行。另外，无锡籍实业家周廷弼于1906年在上海设立信成银行，股本50万元，该行先后于无锡、南京、天津、北京设立分行。1907年浙路公司在杭州设立银行，也在上海设立分行，即后来的浙江兴业银行的前身。

另一家浙籍银行——浙江地方实业银行，先是于 1909 年由浙江官银号改组为浙江省银行，官商合股，1915 年改组为浙江地方实业银行。以后官股和商股分道扬镳，商股所办银行搬移至上海，改名浙江实业银行。还有一家四明商业储蓄银行于 1908 年在上海设立，由宁波籍商人李云书、虞洽卿等人集股，股本 150 万两，在汉口、宁波设分行。

华资新式银行在上海的诞生和发展，标志着中国新式现代化银行的诞生，标志着中国近代金融业的起步。上海经商服务环境相对稳定，助力上海形成各类金融市场。但当时的北京，凭借多方优势，占据着中国金融中心的地位。清朝中央政府成立的户部银行，相当于后来我们所说的中央银行，就设在北京。一家银行办在北京，并和政府有关系，或者说由政府控股，盈利是很稳定的。

但是，辛亥革命爆发，清朝灭亡后，中国政局比较动荡。从袁世凯到各路北洋军阀，整个北洋 16 年间，内阁总理换了 30 多人，政府不稳定，这对银行业发展来说是很不利的。在那个年代，如果一家银行和政府绑得太紧，风险是非常大的。和上海相比，在北方办金融的政治风险越来越大，特别是在国民革命时期，北方陷入连年混战。1928 年，北京改成北平，国都设在南京。上海的机会终于来了。

当时上海著名的金融家李铭，曾经做过上海银行公会会长。他虽然是浙江实业银行的总经理，却又被中国银行邀请担任董事长。此时的中国银行是官办银行，其资本甚至超过了中央银行。李铭的金融理念在当下也是很有意义的。如取蛋必先养鸡，金融业的资金来自客户、来自客商、来自社会，所以要让政府来辅助金融和工商业。另外，他还说赚钱首先要赚洋人的钱，不要只盯着国人的钱。浙江实业银行很早就开展了外汇业务，虽然具有很大的风险，但这一探索是有益的。

在优秀金融人才涌现的同时，交通的便利、商贸的发达以及经商服务环境和市场环境的相对稳定，使得上海抵挡各种变化冲击的优势愈发明显。另外很重要的是，上海已经不是只有单一的银行和钱庄，而开始出现了各类金融市场，如外汇市场、黄金市场、大条银市场、证券市场、保险市场、期货市场等。上海的交易所是当时国内种类最多的。同时，新的中央银行也设在上海，总部就在外滩。中国银行、交通银行等也先后把上海作为总行或者总部，一个新的以上海为中心的金融网络逐渐形成。

总之，上海金融业的发展变迁是近代社会发展变迁的一部分。国家的命运与城市的命运息息相关，这在很大程度上塑造了上海金融业的基本格局。

长期从事中国近现代史、上海史和档案文献研究，现任上海市档案馆副馆长、研究馆员。上海档案学会常务副理事长，国家历史档案专家组成员。主编和出版了多部有关上海历史文化著作，主要有《老上海珍档秘闻》《外国文化名人在上海1919—1937》《非常银行家——民国金融往事》《上海的外国文化地图》《话说中国（1927—1937）》《一片云彩——民国文人归宿》《车影行踪》《上海银行家书信集（1918—1949）》等。翻译出版有《我在中国二十五年——〈密勒氏评论报〉主编鲍威尔回忆录》。

邢建榕

汽笛声声：近代工业与上海城市发展

现在一讲到工业，大家可能会想到的是生物医药、智能技术、机器人、大飞机、航空母舰等等，都是一些高大上、高科技的项目。但如果讲到近代上海工业的发展，可能就小儿科了，连洋钉、洋火、洋布、洋油，都是洋的，不能自行生产，需要进口。可以说，近代工业经历了非常艰难、曲折的发展路径和过程。

讲近代工业，大家或许会有几个印象。一是我们教材里、书里写到过的，如《包身工》之类的，写解放前纺织工人，特别是纺织女工，甚至是童工，过着那种暗无天日、苦不堪言的被剥削生活，她们住鸽子笼工棚，吃不饱，穿不暖，每天天不亮起来就要干活，连续十多个小时，非常悲惨。

二是写资本家生活，大家可能也从书里读过。茅盾写的《子夜》，讲的是实业资本家的生活。他们要发展实业，也就是当时的近代工业。书里反映的资本家怎样发展工业，他们也竭尽全力，付出了许多艰辛和努力。这本书很好反映了近代中国的经济、社会面貌，特别是上海城市发展的方方面面。如果能够把这本书仔细看两遍的话，我觉得比一般的历史著作更有意思，比现在放的电影、电视剧更有价值。书里写的资本家吴荪甫，开丝织厂，他的理想就是要使上海工业发达，汽笛声声，城市上空布满烟囱，黑烟滚滚；马路上开着各式各样的汽车，黄浦江上轮船浩荡，说明他也是雄心壮志。但在近代中国的大环境下，他是无法做到的，所以他最后失败，是痛苦的。但这一切就是近代上海、近代中国工业的缩影。

资本家也好，纺织女工也好，童工也好，不同的侧面，都绕不开近代工业的发展。从上海城市历史发展来讲，也一定要了解一下，工业怎么发展过来的，与这座城市又有什么关系。这样还能够加深我们对课文、电影、小说背景的了解，对一些印象作深入思考。

另外从现实来讲，大家都知道我们制造业发展得不错，是一个制造业大国，但是不是一个制造业的强国？可能还在转型过程中。我们现在出国，到国外总要买点东西，经常看到中国制造标记，总体还是比较低端的产品。当然我们现在也有非常高端的产品。这都跟工业有关。还有我们工业发展到现在，与我们自己的生活，与城市的格局，也有很大的关系。

如果我们问问自己的父母、爷爷奶奶这一辈，你对上海的工业还有什么了解，他们会举出许多例子说，我们家里用的吃的，电风扇、缝纫机、自行车都是上海制造，吃过大白兔奶糖，就是高质量的标记。这都是解放以后的。但在解放前，发展近代工业的时候，上海实际也有许多好东西，影响了中国人的生活，比如佛手牌味精、华生牌电风扇，二三十年代已经有了，用到现在，家里还在用。近

代上海工业，在全国一直都是领先的，为全国贡献了最大的产值和税收。改革开放前，上海的工业产值占到全国的 1/6。这个量确实很了不起。上海能够发展为一个经济中心、工业中心、金融中心、贸易中心，跟工业的生产能力、开发能力、创新能力有密切的关系，也与上海的工人阶级有关。

下面我从四个方面讲讲具体内容。

一、近代上海工业的发展脉络

很大程度上，近代化、现代化首先就是工业化，没有工业化就谈不上近代化和现代化。1949 年前，我们中国人离真正的工业化还很远，基础工业、重工业非常落后，钢铁、电力、煤炭、化学和公用事业等几乎没有，或者是控制在外国人的手里。

上海近代工业发展的脉络，最早是军工。上海有一家江南制造局，后来叫江南造船厂，这是上海最早的大企业，可以说是当时的"央企"。江南制造局非常有名，但为什么江南制造局会在上海首先诞生？

大家读过历史书，都知道有太平天国农民起义。清政府要镇压农民起义，就要造兵工厂，造洋枪洋炮，一开始在安徽芜湖等地造这些武器，后来觉得光在内地不够，决定要到上海设厂，因为上海有较好的工业基础。

这个时候已经有了租界，外国人引进外国技术，工业有了基础，所以清政府在黄浦江边上设立江南制造局。在上海城区的南面，黄浦江边上（以前属于南市区），那里有一个高昌庙，所以叫高昌庙工业区。江南制造局是上海近代第一个大企业。

要发展一个企业，需要好多条件。以江南制造局来分析的话，就可以看出来，一个条件是要建在江边，为什么？因为生产用水方便，运输原料也方便，纺织厂用棉花，用蚕茧，都要靠运输方便。另外大工业产品流通也方便。因此江边是重要的条件，不是黄浦江边，便是在苏州河边，早期企业都离不开这两条河。

第二个条件，就是要有大量的工人。以前上海人口很少，就十几万人，只是一个小县城，发展到租界的时候，只有几十万人。简单说，上海的人口，20世纪初100多万，每10年差不多增加100万，20年代200多万，30年代300多万，到上海解放的时候，大约就是500万，现在发展到两三千万。

在早期人口不多的情况下，发展工业，开设工厂，需要大量的劳动力。这些劳动力哪里来？他们来自五湖四海，从全国各地来到上海。他们也是通过船运，通过长江，通过苏州河，坐船到上海，他们有的就顺便在江边安顿，破破烂烂搭一些棚户。大家知道，解放前上海有许多棚户区，很大一部分在江边。

近代上海工业的发展，有大量的人口输入，从安徽、从江苏、从浙江过来。很多人一开始也是来打工的，后面就变成土生土长的上海人。那么土生土长的上海人有多少？几乎没有，可以说是很少的。上海的一个特点，即海纳百川，中西合璧，人口来自外地，也有来自外国的，五方杂处，周边省份的特别多，带来了不同地域不同特色的文化。

第三，当时工业发展也要离城比较近，最好是租界和华界的交界处。为什么？比如开在松江、嘉定，这样搞一个工厂不现实，因

为交通不方便，早期没有汽车运输，没有发电厂，也没有自来水厂。到 19 世纪七八十年代以后，才有发电厂，才有煤气厂，才有自来水厂，这些都是由外国人首先引进，由外国人率先在城市租界里面使用。工厂当然要有水，所以大多设在江边。一开始没电的时候，用煤产生蒸汽，推动机器。现在大家也可以看到，我们好多老工业产区、工业文明的遗存，被开发成创意园区，其实以前都是工厂，这些厂房因为离城近，离河近，现在都成市中心了。

工厂多设在租界华界交界的地方，因为外国人管理比较严，租界里面污染严重的企业，都想钻空子。像普陀区有租界也有华界，正好又有苏州河，所以普陀的工业企业很多，容易进退，租界管得紧，他就到华界，华界管得紧，他再到租界，逃避污染责任。所以普陀的工业很发达，特别是轻纺工业，也有这么一个因素。

工厂离河比较近，也有一个发展过程。大体上是从苏州河走向黄浦江。刚才说江南制造局，为什么一开始就设在黄浦江边？因为它上来就起点高、规模大，其他大部分的企业，当时没这个条件。中国人办的都是缫丝、棉纺、面粉、卷烟厂，这些企业不用太大，一开始要离城近，所以在苏州河边上比较多。如果大家去考察一下，苏州河边上有三大类型企业：纺织厂，量最大也最发达；第二个就是面粉厂；第三个就是香烟厂。其他当然也有很多，包括机修厂、火柴厂、水泥厂、肥皂厂，但上海的工业发展支撑型的企业就是纺织厂、面粉厂和香烟厂。

为什么会有这三大类的企业呢？我们现在好像觉得这三大类企业都不稀奇，因为纺织早就转型了，改革开放后，工业要转型升级，上海纺织工人将近 50 万左右，普陀这里好多的纺织厂工人也要转岗，有的迁到外地去，有的要下岗，大量的纺织企业没有了。这叫壮士断腕。纺织是夕阳产业，纺织工人大量下岗，但在当年，纺织厂也算得上高科技了。

在没有机械化的纺织厂之前，就是织土布，那个时候还是手工业。面粉也是要靠石磨，靠人力，靠牲口推拉磨粉，效率很低，直到有了机器的面粉厂，才能充分满足城市人口需要。现在的上海面粉厂还是当年的老企业。纺织和面粉当年都是高科技，又事关国计民生，与每个人都息息相关，所以发展很快。同时这类企业对技术和资本要求也不是很高，所以它们先发展起来，然后逐渐发展到其他工业门类。

上海的工业门类，在全国是最全的，但是起步阶段，就是纺织、面粉、香烟之类。外国人到上海也差不多，多了一点修船造船，因为外国人到中国做生意，需要大量的进出口贸易，自然要造船修船。当然也有印刷这一块，外国人来上海要印一些圣经、报刊，甚至印一些广告，因此印刷厂也比较早。还要开办啤酒厂，中国人一般不喝啤酒的，有一家很有名的 UB 啤酒厂，就在苏州河边。中国企业生产的产品，适合老百姓日常使用，因此中国企业和外国企业各有各的特点。

外国人在上海开公司，习惯叫洋行，实际上就是贸易公司。外国老板叫大板。我们现在办公室里的办公桌子，还叫大板台。外国人来了以后，做进出口贸易，也开始设厂开办公用事业，如水电煤，这是大工业，中国人技术、资本和管理都跟不上。

现在觉得水电煤也不稀奇，大家天天在用，在当时来讲，水电

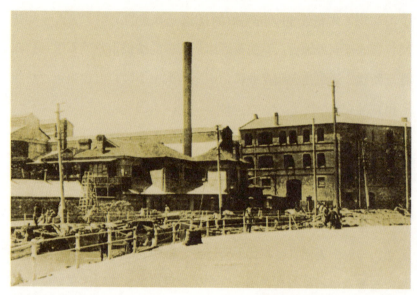

英租界工部局杨树浦发电厂

煤就是不得了的高科技。在 19 世纪六七十年代的时候，谁能够办这些大企业呢？外国人来了以后，开辟租界，引进技术，上海就建起了自来水厂、发电厂、煤气厂，基本上跟欧洲国家也是同步，比英国、法国稍微晚一点，但也差不了十年二十年，比亚洲所有其他的国家都要早。有了公用事业，才能发展其他的工业企业。没发电厂，上海其他企业也谈不上大的发展。

以前看老照片的时候，上面有电灯，但不清楚到底是煤气灯还是电灯，其实很简单，只要上面没有电线就是煤气灯。有了电灯以后，煤气灯逐渐淘汰掉，煤气公司也生存不下去了。但煤气公司不能眼睁睁等死，它也不断发明新技术。就是把光能转变为热能，煤气公司照样能够经营下去，现在家里烧饭的煤气，那个时候就被转换出来了。以前上海有钱人家，煤气灯不用了，开始用煤气灶烧饭，这也是一个工业发展的过程。

近代工业的发展，并不是我们想象的那么顺利。当时的晚清政府，包括上海市民，开始也是顾虑重重，很难接受。比如煤气是通过地下的管子输送，上海当时的一些市民，觉得开挖地下破坏风水，不赞成；而且煤气有毒，经常看到有人煤气中毒，所以也不敢用。清政府也张贴告示禁止外国的工业品，外国的东西不让用，包括煤气。以前有黄包车夫，他们拉车一般是不到铺了煤气管道的地方，他们觉得马路下面很烫，因为煤气一点开就是火，俗称"自来火"；也不能随便去的，去要穿厚底鞋。大家没有基本常识，因为谁也没有见过用过。电灯为什么当时也不能用？也是因为不了解原理，觉得电灯容易着火，有人看到马路上点的灯，就认为是火，甚至想靠这个点火。

19 世纪 80 年代外白渡桥畔的电灯

　　通过这么一个逐渐认识的过程，上海人对外来的物质文化，也由拒绝到慢慢地接受，加以使用改进，发展为自己的城市基础设施，发展为民族工业。

　　煤气为什么叫自来火？因为自来水叫自来水，龙头一拧就出来了，煤气也是如此，开关一点出火了。电灯也不叫电灯，叫赛月亮，晚上比月亮还要亮。上海城市不是号称"夜上海"吗？实在是电灯的功劳，一到晚上灯红酒绿，所以说大家的生活离不开工业。

　　顺便说说电车，电车是比较晚进入上海的，到 20 世纪初才有了电车。

　　叮叮当当的电车是上海都市的象征，没有电车就没有上海动态的美，就没有城市的味道。一开始有电车的时候，大家也不敢坐。为什么？他们觉得这个电车通电，可能要触电，会死人，所以刚开始坐电车的时候，是要吆喝宣传的，有奖坐车，你坐电车还发你牙膏，发你肥皂，有奖品。等到大家都知道没问题，而且快速，坐电

上海早期马路上的有轨电车

车就拥挤不堪，以后谁也离不开电车。我们看到许多小说，比如张爱玲的小说，还有鲁迅先生的文章，里面都讲到电车。

有一个问题很有意思，喜欢现代化、城市化的作家，都是讲坐电车如何如何，因为电车是上海人的一个舞台，是城市化的标记。在这么狭小的空间里面，怎样能够保持一种规范自律和秩序意识。以前坐黄包车也不管这么多，独来独往，时间也不严格，随便坐，想停就停，电车一天几班车子，要有时间的，人多要排队，所以电车就给上海人的时间观念上了一课。到了几点钟以后才发车，几点以后就没有电车，上下班的市民清清楚楚。坐到电车里面，你不能随便喧哗，更不能抽烟、吐痰，这都是不文明不礼貌的，在一种很狭小的空间里面，行为规范的意识开始滋生。上海人螺蛳壳里做道场，与空间狭小有密切关系，但也养成了谨小慎微、做事精细的特点。

最近开放了"荣宅"，是近代企业家、"面粉大王"荣宗敬于1918 年购入的家宅，在陕西北路，大家有机会可以去看看。无锡有很多荣宗敬、荣德生兄弟的产业，因为他们是无锡人。荣家是从纺织、面粉发展起来的，很了不起，创建了近代中国最大的企业集团，上海的纺织业全国领先，与他们家族有很大关系。

实际上我们讲近代纺织，近代工业，与大家所知道的情况具有历史的传承关系。尽管纺织厂里面的劳动强度很高，相当于一天要走几十公里，每天粉尘弥漫，用的都是女工，也就是包身工。所谓包身工，就是一些上海企业老板，把这些女工很便宜地包身了，由企业买断，签了契约，三年之内没有一分钱的工资在企业里面干活。她们都是从农村被招到上海，因为农村的小姑娘不值钱，家里养不

081

汽笛声声：近代工业与上海城市发展

起，有时不得已要送掉，上海这些工厂的老板为了尽可能地剥削，将她们买来送进工厂，劳动力成本非常低，所以就产生了纺织女工的群体。

另外，工人运动兴起后，经常发生罢工，纱厂老板感到不好应付。上棉二十二厂原来就是日本人的纱厂（日纱七厂），罢工的时候，出来了一个工人领袖顾正红，是个男工。他们觉得男工工资高，闹事又不好对付，于是尽可能用女工。女工工资便宜，又老实，不容易犯事。

近代工业化以后，会有相应的后遗症，比如产生污染，这在当时并不引起注意。

上海的工业污染，是什么时候产生的呢？大家都知道，苏州河在 20 世纪七八十年代的时候，污染很严重。路过苏州河的时候，风吹过来，闻起来很臭，看上去水体颜色发黑，这是苏州河污染到了极点。但苏州河的污染，并不是解放以后或七八十年代以后才有，在三四十年代就已经如此。

20 世纪 40 年代苏州河已经严重污染

当时企业主没有环保意识，工厂随便排放，不要说企业主没有这个自觉，社会精英人物也是这样，大家觉得要发展工业，要工业文明不断向前，要实业救国，这才是关键，就像《子夜》里面的吴荪甫所讲，上海要遍地发展工业，烟囱冒着黑烟，汽车在马路上奔驰，这才像是上海的样子，繁华的城市哪里离得开工厂的汽笛声声呢？不可避免。工业发展造成很多的污染，但这些污染算得了什么？那时并没有这种概念，只要城市繁荣，工业发达，产品丰富，市民日常生活过得下去，那简直是天堂了，也算是对得起大上海的名声了。

正如郭沫若在《女神》里写的，"一支支的烟囱，都开着朵黑色的牡丹呀！哦哦，二十世纪的名花，近代文明的严母呀！"

对于上海苏州河的严重污染，国民党政府也多次治理过，以前也要治污嘛，可惜口惠实不至，说说而已，没有钱也没有精力去实施，更没有这个意愿。我们现在治理得这么好，当然是政府下了决心，尤其是大家有这个意识，因为经济社会发展到了这个阶段，才会有这方面的想法和意识。当时就想着搞工业、办工厂，尤其是这些外国人，他们到上海来，有什么目的？当年外国冒险家的一句名言是，我到上海来就是这几年，赚了大钱后，我就回到祖国去了，洪水滔天也好，人命关天也好，又与我何关？

江苏路附近有一个外国人，开办了一家江苏药水厂，实际上就是化工厂，每天排放硫酸、硝酸等等，空气里一股药水怪味道，有人把附近一条马路称为药水弄。工厂污水流入苏州河，把河水污染得很厉害，周边老百姓怨声载道，外国老板不管，也没有人来管，租界当局也是睁一眼闭一眼。

有一份材料记录，1911 年英国工程师来苏州河测量过水质，看看苏州河水适合饮用吗？因为英国人要在这里造自来水厂，供应上海的生活饮用水，而苏州河水是饮用水的主要来源地。结果测量下来，说苏州河的水比英国的泰晤士河干净得多。泰晤士河两岸也是英国最早的工业文明发源地，但二三十年后，苏州河就因为工业和生活污染得一塌糊涂。

由于苏州河污染，上海的工业地图也进行了调整。上海工业离不开苏州河，离不开黄浦江，苏州河污染后，用水不行，包括运输也跟不上大型企业的发展。到后来，上海的企业，特别是大中型企业，都朝着黄浦江沿岸发展。杨树浦，现在的杨浦滨江，这一带都是转移过去的大中型企业。苏州河污染完了，大家就去污染黄浦江。这两条河都是上海的母亲河，跟工业发展、城市发展有密切关系，为上海成为国际城市发挥了巨大作用。没有这两条河，上海能发展起来吗？我们千万要珍惜，再不能破坏了。

今天对工业文明的反思，其中一点就是不断地治污、转型、升级，经济发展与环保之间不断摇摆。一直到五六十年代，还有许多宣传画和新国画，描绘工业发展蓬勃的面貌，怎么表现？那就是在城市里面画很多的电线，很高的大烟囱，轰鸣不已的机器生产。这些新的城市工业生活场景，在五六十年代还是令人憧憬。

还有，因为各个租界和工厂企业自行其是，造成的结果是上海工业结构的不合理。我国重工业在东北、四川，解放后的大小三线，因为上海毕竟是一座人口集中的生活城市，以纺织、食品和轻工业为主。上海这个时期有很多引以为傲的产品。五六十年代的时候，自行车手表就是了不起的产品。每个城市各有特点，现在也是一样的，发展上海的制造业也是有针对性的，也有一个选择过程，生物、医药、智能、机器人、大飞机等等，这是上海新的发展方向，要有一个适合城市化自身特点的发展路径。

二、三大工业区

大体上说，上海有三个工业区域。以前说上海有上只角、下只角，跟上海工业区域有关。

先说说上海的几个区域，大概分一下，今天的市中心即南京路、外滩、人民广场，是原来英国人的租界核心，最早的近代城市中心。再往前推，土生土长的市中心就是南市城隍庙这一带。还有一个近代中心淮海路一带，这是法国人建立的租界核心。这样，南京路、城隍庙、淮海路，就成为上海三大市中心，也是主要的商业区域。

但细分下来，这三个地方还是不一样，可以再具体分析。外滩、南京路到处是高楼大厦，英国人通过坚船利炮，打破了中国人的封锁和防线，侵占土地，开辟租界。他们喜欢做生意，来的目的就是要进行贸易，来了上海以后，修马路、造港口码头，在外滩造了许多洋行、银行、贸易公司大楼，因为这里是他们看中的第一片土地。南京路就是最早的商业街，我们现在还知道南京路上四大百货公司。以前的大新公司，现在叫第一百货；先施百货，后来叫时装公司；永安公司、第十百货，现在还叫永安公司，恢复原有名称；还有新新公司，也就是上海第一食品。第几第几的叫法，都是计划经济的产物，以前都是私人办的企业，无所谓第几第几。现在还有留存数字起名的，包括很多学校、医院也有，如第一人民医院、第二人民

医院，这都是国家办的，包括学校，如市二、市四、市八中学，市三女中等等，这些都是解放以后改的，有了第几第几，一看就是政府主导的，整齐划一，便于管理。

这四大百货公司，都是全国首创。在中国，原来没有百货公司，中国人的商店很小，都是专业性的，卖碗的都卖碗，卖家具的卖家具，卖布就是卖布，最好只此一家，别无分店。上海首先诞生了百货公司，卖全球百货，进口全世界的洋货，老板虽然是华侨，但这些经营都是英租界的特色。除了百货公司，还引进电灯、电话、电车，灯红酒绿，十里洋场，因此上海第一个商业区就在这里，市中心的中心。

法租界的淮海路一带又是一个中心区域。以前法国人规定，这里不能造高楼大厦，也不要造中国式房子，供外国人和有钱的中国人居住，环境要安静，所以那里的小洋房特别多。大家去过新天地，都是石库门房子，没有高楼，但那里档次不高。要再往西去，思南路、衡

位于静安寺路附近的欧式住宅

山路、武康路，就高级了，都是洋房，不像现在都是高楼大厦。法国人开辟这块地区是以居住区域为主，但居住要方便适宜，就需要很多的文化设施，如酒吧、咖啡馆、剧场、电影院，绿化也有很多。

第三个中心区域，即上海的老城厢城隍庙这一带。这里是原先老上海人的地盘，很多中国式老房子，马路狭窄，环境很差，没有什么绿化，连走路都困难，只有泥泞小道或者弹格路，不要说汽车，马车也进不来。

上海市中心的区域，每个区各有不同的特点。下面我们讲讲工业，也有它本身的特点，工业发展起来后，又造成了新的区域特点。简单说工业主要有三大区域。

第一个区域，就是前面讲到的南市的江南制造局这一带，现在属于世博园区，这是清朝第一个大央企或者说是国有企业，制造军工产品，是中国第一艘军舰、第一发大炮的诞生地。周边没有什么其他企业，因为黄浦江有这么大的企业存在，只能有一些为它服务的小企业，所以弄堂工厂很多，一直到解放后都是如此。这块地区就是高昌庙工业区，这里工人很多，都跟江南制造局有关。我原来居住在那里，好多同学的父母都在江南造船厂有关的企业工作。周边居民都跟这个厂有关，或者是跟周边的小厂有关，小厂又与江南造船厂有关。因为这个企业是军工企业，造的厂房就像是城楼一样，看上去很森严，类似部队营地，跟周边的居民关系都不大。

同学们都知道，孙中山领导的辛亥革命推翻了皇帝。辛亥革命在上海的历史，就有很多的故事在这家厂里面。辛亥革命在上海最后的成功，最后一仗就是要把江南造船厂打下来。其他的地方都搞定了，就是江南造船厂打不下来，陈其美进去劝降，都被抓在了造

汽笛声声：近代工业与上海城市发展

江南机器制造局

船厂里面，为什么？因为他不听你的，江南造船厂本身就是军工企业，里面枪炮很多，而且城墙很坚固，很难打下来。

江南造船厂原来叫江南制造局。有一幅《万吨水压机》的画很出名，上面就有江南造船厂的名称。解放后上海要造万吨水压机，只有这家厂有设计制造能力。

第二个工业区就是杨树浦。杨树浦以外国企业为主。外国人为什么要在杨树浦开设企业？一是离他们的租界比较近，从外滩过去，很方便。这里原有美租界，后来合并为英美租界，杨树浦是作为租界的一部分存在。二是杨树浦在黄浦江边，离出海口又近，杨树浦再下去就是吴淞口，可以出海了。如果从吴淞口坐船进来，看见大烟囱，就知道杨树浦发电厂到了。大烟囱就是杨浦工业区的象征。

杨树浦地理位置很好，关键是当时的地价很低，投资人要造一些工业企业，特别是大企业，煤气厂、发电厂、自来水厂，上海城里面哪能找到这么大的地？找不到，只能到杨树浦的滩地去落脚，这里地域宽广,加上滩地不值钱,与中国人一谈就同意了,外国人就建了这些企业。

建了这些企业以后,中国没人用自来水,也没人用煤气,也没人用电灯,大部分是用不起,普及是后来的事情。华界连管子都不铺,外国人首先满足租界需要,都是外国人用,有钱的中国人当然也可以用。老照片里面看到有很多人挑水,实际上就是自来水,挑了去卖,做这个生意。因为中国人不能铺自来水管,如果铺到华界,中国人还不同意,算是侵犯华界了,有许多的纠纷就此产生。

杨树浦这个区域,除了大工业、公用事业等大企业以外,也有很多中小企业,包括纺织厂、面粉厂、卷烟厂、肥皂厂等等。现在那里还有一家烟草博物馆,这是因为有南洋兄弟烟草公司。这里的企业有中国人的,也有外国人的,但公用事业对于资本和技术要求高,一般都由外国人垄断。

电灯和自来水最早进入外滩,为什么?因为这里是英国人的地盘,英租界门面就在这里,又离自来水厂和发电厂近,首先发展到这里很正常,据说最早跳舞的舞厅设在礼查饭店,要跳舞就要有电灯照明,这样礼查饭店最早有了电灯。第一辆有轨电车终点站就在外滩,现在的华尔道夫酒店。现在看不到有轨电车了,其实最早的都是有轨电车,然后是无轨电车,然后是公共汽车。小汽车早些是有钱人的玩具,当然最早也是外国人引进驾驶的。

第三个工业区就在普陀,离曹杨地区不远的苏州河畔。什么朱家湾、潘家湾,这里湾很多,三湾一弄很出名,还有曹家渡、莫干山路、澳门路,都在普陀区的苏州河南北两岸。这一带就是第三个工业区——"沪西工业区"。杨树浦是沪东工业区。沪西沪东,这些

都是工人集中的地区，以前我们读书时去游玩，沪东有工人俱乐部，沪西也有工人俱乐部，非常出名。上海五卅运动爆发，工人运动蓬勃发展，这里是主要的阵地，因为工厂集中，有大量的工人集聚，容易发动起来。如果今天沿着苏州河去看，还有很多厂房在，不少变身为创意园区。

工业区有其特点，一是企业集中，工人集中；还有就是污染严重，环境恶劣。环境恶劣，首先是房子不好，棚户区比较多，因为工人没条件租房，他又要天天上班，离厂要比较近，就住在工厂附近。其实最好的解决办法就是搭建棚户，在河边没什么人管，就搭起来了。你搭我搭一大片，肯定环境恶劣，污染严重。另外即是污染问题，这些工业区除工业污染外，生活污染也不容忽视。

叶灵凤的散文《煤烟河》，讲到沪西工业区的生活污染，说："一条混沌的苏州河，西段几乎完全给工厂占住了。腐了的蚕茧的臭味，豆饼的臭味，小麦粉辗起的灰尘，你若不是为了衣食问题咬了牙在那里做牛马的人，你简直连一分钟也不能停脚。"

工业区谈不上文化设施、基础设施、生活设施，能够遮风挡雨便很好了，虽然生产了大量的产品出来，与前面讲的几个区域比较，自然变成比较落后的地区。工业区就成为落后的代名词，就有了上只角、下只角的区别。当然这是以前的说法，现在是大为改观，但你仔细看看，仍有相应关系和历史遗存。

三、五大资本家家族

上海有工业企业，就有资本家的存在。这些资本家有剥削压迫

申新九厂外景　　　　　　　　　　　　申新九厂的细纱间

工人的一面，也有发展工业的一面，从这一点上说，他们客观上促进了上海工业的发展，是值得肯定的。我们不光要看到资本家的反面，也要看到他们的正面，工业发展也要靠他们推动。

怎么评价这些资本家？

荣宗敬、荣德生兄弟，是上海最大的资本家，号称面粉大王、纺织大王，好多纺织厂和面粉厂都是他们开的。荣德生的儿子荣毅仁担任过国家副主席。解放以后，毛主席来上海视察，唯一到过的工厂就是荣氏的申新九厂。申新九厂就在普陀区苏州河边上，以前规模很大，有七八千名工人，24 小时日夜翻班，解放后是第一批公私合营企业，改名为"国棉二十二厂"。

第二大资本家家族，是赫赫有名的南洋兄弟烟草公司老板简照南、简玉阶兄弟，二人在上海创办工厂，生产红双喜、飞马牌香烟，抽烟的人都熟悉这两个牌子。当时卷烟是奢侈品，一般人根本抽不起，卷烟厂利润很高，有垄断性质，这才造就这么大的一个资本家集团，可与英美烟草公司相抗衡的民族卷烟企业。

第三个是刘鸿生家族。刘鸿生的社会地位很高，以前租界有董

事，都是外国人担任，但刘鸿生后来成为华董。蒋介石服帖他，外国人也服帖他。上海要造房子，需要很多水泥，刘鸿生是水泥大王，上海的高楼大厦都用他们家的水泥，包括上海国际饭店。荣氏家族是面粉大王、纺织大王；刘鸿生是水泥大王，而且是煤炭大王、火柴大王，这些也是老百姓离不开的物品，国计民生少不了。

上海人家以前都用煤球炉子，刘鸿生企业做的煤球，是用煤炭运输途中剩下的煤灰做的，成本低，利润高。一开始上海人烧饭，除了有钱人用煤气，一般人都是用柴炉，烧木头。后来因为他做煤炭交易，发现有好多的浪费，码头上、路面上、车里面的煤屑浪费可惜，于是搜集起来做了煤球，再发明煤球炉子。一直用到解放以后，好多人都在用煤球炉。上海各大码头上堆的煤炭，都是刘家企业经营的。

南京路上的永安公司

还有火柴。今天在古北路桥苏州河边上有一个火柴博物馆，墙上还画着大中华火柴厂的广告。这个大中华火柴厂，就是刘鸿生的企业，为上海的工业发展做出了贡献。

大资本家实际上也是大企业家，大企业家的精神就是开拓创新，不断地提升产品质量，与外国产品竞争。我们从制造业大国变成制造业强国，一个很好的基础是以前这些资本家奠定的。刘鸿生是非常有名的企业家，他为发展中国民族工业贡献很大。解放以后，积极响应政府号召实行公私合营，他们的爱国行为连毛主席也称赞过。

郭家是第四个大资本家家族。他们主要经营百货公司，如永安公司，也做企业，如很有名的永安纱厂，是跟荣家申新企业有得一拼的大企业。

上海解放的时候，郭琳爽是永安公司的老板。他们家族主要在香港，都是大企业家，上海要解放了，他们自然很紧张，不知如何为好。当时飞机票买不到，他的父亲专门从香港包了一架飞机，到上海虹桥机场来接他，说共产党马上要打到上海来了，将来怎么样，实在心里没底，不如先回去再说，静观待变，看看风头再说。但是郭琳爽说，我不能离开上海，有永安百货这么大的商场在，有永安纱厂这么大的企业在，我怎么离开呢？因为他有很多企业，包括饭店旅馆等等，还有好几千名的雇员和工人，他说我不能离开上海。

实际上这个时候，他已经与地下党联系上了，共产党希望他能留在上海，帮助发展经济。他就留下来了，后来也积极实行公私合营，企业、商业都跟政府建立公私合营的关系，当然他后来也说过人生如戏的话，大概吃了一些苦头。所以我们现在还能够看到这些老牌企业的存在。

上海拥有大批著名企业家，这里只是简单列举四大企业家家族，如果再深入挖掘，还有许多资本家的故事可以说。如果仔细了解他们的故事，可以创作很多的文艺作品。

现在我们拍了很多上海的电影、电视剧，写很多上海题材的小说，大家也都喜欢看。王安忆、张爱玲的小说我们都看过，都是反映上海的，但反映上海的什么？本质上上海这个城市是一座什么样的城市？这是值得思考的问题。

前段时间，我看了《罗曼蒂克消亡史》，反映上海的帮会，其他小说、电影十有八九也是如此。要么就是帮会江湖义气，打打杀杀；要么就是风花雪月，歌舞升平，小资情调很浓，或者咖啡馆、酒吧成为场景中心，反正日子很好过。

现在反映上海的作品很多，但从工业这个角度反映近代上海的好像还没有，从工业资本家角度反映上海也没有。实际上他们的故事，是非常曲折而精彩的，前面讲到的荣氏兄弟，曾与蒋介石政府发生冲突，有人要敲诈勒索他们，他们当然不愿意。于是被土匪绑架，其实即是军警内外勾结。绑架以后，荣家为了赎回他们的父亲，不得不向当时的警察局缴纳赎金，成为一个笑话。实际上赎金不是交给土匪的，是交给警察的。警察局收的钱，是上下打点的钱，与土匪赎金相差无几。

他们为了发展工业，肯定是呕心沥血，动了很多脑筋，如果去挖掘一下，一定很精彩。上海成为一个经济发达的工业城市，上海企业家做的贡献不能视而不见，如果以后有机会写这样的电影剧本、小说，反映上海企业家的拼搏、创新、开拓、竞争精神，应该是很好的角度。企业家好的精神，我们当然要宣传光大。

四、工业发展与上海城市发展

最后简单谈谈上海工业发展与城市的关系。工业发展造成上海城市的繁荣，因为工业化的过程就是近代化、现代化的过程，在逐步工业化过程中，上海城市也繁荣起来。工厂林立，汽笛声声，向来是大上海的标记。没有工业就没有上海这座城市的繁荣与发展。

通俗地讲，一个城市假如连电灯也没有，还讲什么繁荣？没有电灯、电车、电话、煤气、自来水，怎么会有城市呢？恩格斯讲过这么一段话，大意是：大工业时代，需要许多工人在一个建筑物里面共同劳动，这些工人都住在附近，都有生活需要，为了满足这些需要，还需要其他的手工业者、裁缝、鞋匠、面包师和各种工匠来到这里，于是他们的集中居住地，从一个小镇变成了小城市，小城市演变为大都市。

上海正是这样，有了很多企业生产，必然有很多的工人，企业家带来了大量的资金、技术，也雇用了大量的工人。然后就发展成为一个集中居住区域，然后就变成一个大的城市。因为需要有出行的交通，就有了马路和电车汽车；有生活必需的水电煤等公用事业，就有了晚上也可以生产生活的基础设施，这些慢慢地同步协调发展起来，造就城市的社会面目。这就是工业化与城市化之间通俗的关系解读。

有了企业生产，当然就有了产品；有了产品，放到商店里成为商品，百货公司里面出售大量上海的商品，满足上海市民和各地需求，上海有著名的四大百货公司，不是空架子。办香烟厂的企业家

简氏兄弟经常说，上海起蓬头，全国就流行。一直到解放以后，上海的轻工纺织、食品在全国独占鳌头，如大家现在还能吃到的大白兔奶糖、光明牌冰淇淋，皮鞋、衬衫、羊毛衫、收音机、缝纫机、电风扇、冰箱等等，这些都是上海的优势产品，也是上海畅销全国的产品。上海城市的商业性特点很强，这种商业性既有见钱眼开势利的一面，实际上也有讲究诚信和契约的一面，商业社会是现代城市发展必不可少的一环。上海有不少银行，以及其他服务行业如饭店旅馆和百货公司等，这些地方的服务意识非常强，把服务视作企业生存和发展的基础，"顾客是上帝"这样的口号，在上海还真的是银行和百货公司首先喊出来的，这些东西潜移默化，恰恰成为上海城市的特质，具有海派文化和海派精神的内涵。

另一方面，工业与城市发展的关系，不是单靠企业或企业家就能搞定的，除了适宜的社会环境，没有战乱和灾害，工业发展若没有政府支持，也不可能搞好。政府的政策对工业发展至关重要。政府必须坚决地推出有利于经济发展的一系列政策。1927 年以后上海发展很快，这与国民党政府成立以后，在当时推出了很多政策有关，将上海独立出来，变成一个特别市，由政府直接领导，不再附属于江苏。蒋介石认为上海就要定位为一个经济中心城市，不要与北京、南京一样，政治文化经济都要全面发展，而应该一门心思发展经济。茅盾小说《子夜》里面，那些资本家一天到晚都在抱怨，说政府的税收厉害，厘金、税收都高，厘金税就是买路钱，一关一关都要收，实际上是乱收费，原料和产品不如直接从国外进口，这样如何与进口商品竞争？这是当年的真实情况。后来国民党政府减了部分税负，把这个厘金去掉以后，企业大大减负，极大促进了经济发展。

再一个，上海工业与上海城市的关系，会形成一种城市的不同区域特征，前面已经讲过一些。上海近代以来有四大明显不同风格的区域，英法租界、南市老城厢、徐家汇，工业发展起来后，又有了三大工业区。工业区、居住区、商业区，特征都很明显，与工业发展关系都有关系。上海人都知道，以前有上只角、下只角之分，怎么产生的，分析起来原因很多。实际上从工业发展的角度来讲，上只角，就是文化和商业比较发达的地区；下只角，就是工厂、工人比较多的地区，特别是沿江的工业区，以前住房比较破烂、文化设施不足，生活和居住环境不好。

大家都知道有一个内环高架，即中山环路。这个内环是一条线，内环以内是市区市中心，内环以外差一点，到了中环，再出到外环便是郊区。这个内环线把四大区域圈到里面，说明四大区域都是市中心，当然这是现在的划分标准，以前就看区域环境了。

中山环路其实是一条非常重要的马路，分割上海市区与周边区域的关系。其重要性不亚于南京路、淮海路。这条路不是现在造的，不是新马路，20世纪20年代就开始建造了，建造它的目的是中国人想把租界包围起来，不让它越界发展，从而发展华界的经济，因此在这条路的周边也有很多中国人的民族企业。

最后一点，近代上海的工业发展与中国共产党的成立，有极为密切的关系。

现在讲起来，好像海派文化都很阴柔、小资，上海男人是小男人，实际上上海是一个很阳刚的城市，抗战时"一·二八"、"八一三"打了两场大战。工人阶级力量最强，工人运动发展最快，五卅运动、三次武装起义不都是发生在上海吗？工人运动很多就发

生在附近的纱厂里。海派文化不要看得太狭窄，工业文化是海派文化的重要组成部分，这一点往往不被人注意。

　　大家都知道，在上海有一大会址，共产党就诞生在上海，这一点最重要。共产党只有在上海才能诞生。离开上海，肯定没这个可能性。我们现在可以理直气壮地讲上海是党的诞生地，从工人阶级的力量和数量看，在全国独一无二的，至少有将近一百多万，每次工人运动，上海工人阶级都是先锋队。中国共产党在上海的成立有偶然性更有必然性，工人阶级人数最多、觉悟最高这一因素极为重要。

复旦大学历史系教授，博士生导师，中国经济史学会理事、中国商业史学会理事、副会长，享受政府特殊津贴。主要研究领域为中国近代证券市场、近代中国金融史、企业史、轮船航运史等。在《中国社会科学》《经济研究》《历史研究》《近代史研究》《中国经济史研究》等刊物发表论文 100 多篇，著有《国家干预经济与中日近代化》《中国近代轮船航运业研究》《中国近代股份制企业研究》《近代中国：金融与证券研究》《中国国家资本的历史分析》等著作多部。主持国家社科基金、国家清史工程等国家级课题多项。研究成果曾获教育部优秀科研成果一等奖、上海市哲学社会科学优秀成果奖一等奖等。

朱荫贵

舶通内外：上海轮船航运业的诞生和发展

轮船在人类文明发展史中是一个重要的载体和工具。轮船的出现，是连接地球上一个个大陆最主要的工具。当时没有飞机，火车发明以后也只能在陆地上行驶，但是地球上每一个大洲之间都隔着浩瀚的大海，承担穿越大海连接各大洲任务的，只有船舶。所以说，在人类文明交往和经济演变的进程之中，水运业（先是帆船航运业，后来是轮船航运业）是最古老同时也是最重要的因素之一。

无论是在新大陆的发现、环地球的航行，还是各大洲之间相对隔绝和孤立状态的打破过程中，水运业尤其是轮船航运业出现后所带来的巨大的推动作用是不容置疑的。现在我们国家在推进"一带一路"的过程之中，同样也有海上的"一带一路"和陆上的"一带一路"之分，从两个方面进行推动。海上丝绸之路主要靠的就是轮船。水运业能够在人类历史的发展进程之中发挥如此重要的作用，是因为它直接推动了商业和贸易的发展，促进了分工和交换的进程，推动了人类文明、信息和科学技术的更新扩展。可以说，轮船作为生产方式和经济结构演变的催化剂，在角逐竞争利润与争夺市场中，客观上对人类的生产和生活方式的变化，能够产生难以替代的作用和影响。

马克思对交通运输业的作用有一个总结，他在《共产党宣言》中说："美洲以及环绕非洲航路的发现，给兴起着的资产阶级开辟了新的活动场所，东印度和中国的市场，美洲的殖民化，对殖民地的贸易、交换工具以及一般商品的增加，给予了商业、航海业和工艺一种空前未有的刺激，因而也就使崩毁着的封建社会里所产生的革命元素迅速地发展起来。"① 他还说 "资产阶级社会的真实任务是建立市场（至少要达到一个轮廓）和以这种市场为基础的生产"，但是"交通运输业的变革是夺取国外市场的武器"。②

你没有一个很好的工具来承载这个国家的商品贸易，甚至运载军队进行保护，怎么能够夺取国外的市场？你的军队很厉害，你赢了对方，但是如果没有很好的商品进行随后的贸易，长期来看你也无法取得胜利。这两方面的因素是相辅相成的，实际上也就是说，交通运输业具有非常重要的作用，特别是在人类文明进程中轮船的重要性非常大。

那么，中国作为一个大国，中国的轮船航运业是如何产生和发展的？轮船在中国近代出现的时候有什么特点？上海又是因为具有什么条件和因素，能够一直成为中国的航运中心？同时航运业的发展又对上海这个城市带来了什么影响呢？

① 马克思:《共产党宣言》，人民出版社 1955 年版，第 33 页。
② 《马克思恩格斯全集》，第 29 卷，第 348 页；第 23 卷，第 494 页。

可以这么说，首先在中国海域中出现的是外来西方资本主义强国的轮船，鸦片战争以前就有了，1820 年是我们现在知道的外国最早在中国组建轮船公司的时间。当然，这个时候列强把轮船引进中国的目的是为了掠夺中国的资源，尤其是当时的丝制品、茶叶、瓷器这类东西，是他们眼红的产品。进一步在中国获取从经济到政治的最大利益，这些是他们的目的。这个时候轮船就成为他们侵略中国的工具。帝国主义列强从鸦片战争开始，一直到后来经过甲午中日战争、八国联军侵华，先后强迫中国政府签订了几十个各种各样的不平等条约，以达到他们的目的。

这些不平等条约使帝国主义列强在中国获得了很多很大的权利，从航运的角度看，使他们获得在中国沿海内河直到内港行驶轮船的权利。特别是 1895 年中日战争中国战败后签订的《马关条约》，可以使得外国轮船能够从上海通过苏州河直接进入杭州、苏州，从长江入江口可以一直到四川重庆，而且获得在中国的土地上建造工厂等等权利。这样便利于他们在中国取得更多的资源和攫取更大的利益。

但是从另一方面说，轮船在成为帝国主义列强侵略工具的同时，本身又是先进生产力的代表，当轮船成为中国过去没有过的一种先进的运输方式出现时，本身客观存在的一种先进冲击落后的内在规律性同样得到体现，轮船航运业也就成为最早被中国人学习和运用到生产生活中去的先进生产力的代表。

中国的轮船航运业最早在上海诞生，此后包括远洋、近海和内河航运，上海也一直是中国轮船航运业的中心。

近代上海成为航运中心的客观条件有哪些？第一是地理位置优越，上海居于中国沿海海岸线的中段。中国从北方到南方，上海居于沿海的中间段，同时又紧邻长江出海口。大家知道在轮船出现以前，上海就已经是中国木船运输的中心地。上海的帆船运输主要靠沙船，当时的惯例是北方的帆船不往南，南方的帆船不往北，都在上海这个地方交换货物。往北方的船底是平的，可以在沙滩上停泊的；往南方的船是尖底的，而长江的帆船不出海，三方都在上海这个地方进行交易和交换，这是一两千年以来根据自然条件形成的格局。到了近代，轮船的出现打破了这个格局。西方列强来到中国要求中国开港与西方进行贸易时，首先看中了上海。他们觉得上海地理条件非常优越，加之上海设立的租界是中国最早且面积最广、设施也最齐全的一个地方。

因为上海具有优越的地理位置和运输条件，所以长期以来，上海的进出口贸易一直占中国最突出的地位，晚清时期往往占总进出口的一半以上，这是很大的数字。20世纪以后有所下降，但也是中国各个口岸中比重最大的一个。上海的进出口贸易量为什么这么

桅樯林立的上海港

大？因为上海背靠长江，有长江、大运河、黄浦江、苏州河这些河流联通广大的中国腹地，然后沿海两边的南线、北线又在这里汇聚，外国来的轮船不管远洋还是近海，也把上海作为中心。当时国际上主要的轮船公司都在上海设立办事处或者是分支机构，所以上海一直在对外进出口贸易方面占据着非常重要的地位。

那么中国的轮船航运业又是因为什么契机得以诞生呢？

中国本国轮船航运业得以在上海诞生和兴起，是在本国木船业衰落和外国在华轮船势力不断扩展的情况下才得以出现和发展的。

长期在中国江海航线上承担客货运交流和人员往来的本国帆船业，鸦片战争后无法抵抗外来列强轮船的侵逼，很快就出现了衰落。木船业的衰落需要替代物，这成为中国轮船航运业兴起的一个重要原因。而另一个重要原因，则是外国在华轮船势力的不断扩张。外国在华轮船航运业的扩张，赚取中国利润是一个重要动机，将轮船作为载体扩展在中国的势力范围，是另外一个更加重要的动机。1906 年日本驻汉口总领事水野幸吉的"轮船航路，表示商权伸张，一国利权之植立，而为开始"[①]的说法，《马关条约》后在日本开拓长江航路中发挥过重要作用的白岩龙平的"贸易和殖民必然有待于交通运输线扩展伸张"[②]的说法，都可以说是这种动机的典型反映。

在木船业衰落和外国轮船航运业兴起的冲击和压迫下，中国自己的轮船航运业在历经种种磨难后终于得以诞生问世。

① （日）水野幸吉著，湖北樱求学社译：《汉口》，光绪三十四年版，"附录：结论"，第 55 页。
② （日）白岩龙平著，湖北樱求学社译：《关于上海苏州杭州间航运实况及扩张改良的请愿书》，见《近卫笃磨日记》第 2 部（关系文书类），日本鹿岛研究所出版会昭和四十四年版，第 194 页。

一、木船业的衰落

晚清时期，外国轮船进入中国后，相对于中国木船而言，速度快，载货量大，受气候水流影响小，技术上占有很大优势。此外，外国轮船进入中国水域，还享有中国帆船难以获得的权利。外国轮船运货进入中国，只需在首次进关时缴纳货值 5％的关税，如再运往中国其他港口，只需再交货值 2.5％的子口税，即可自由航行于中国其他港口，而中国帆船则需处处缴纳厘金。

技术和权利均处于完全劣势，使中国传统木船运输业受到严重冲击。再加上 1858 年《中英通商章程善后条约》中，解除了外国轮船转运中国东北大豆和豆饼的禁令，中国帆船此前赖以维持生存的最后一点空间即货运专利也受到冲击。中英条约中还订明外轮具有吨税核减和出口优惠权利，这项规定，进一步扩大了中外船舶间生存竞争的差距，其后果是"中国大部分的沿海贸易从本地船转移到外国船的手里"。"因为外国船由于行驶迅捷，防范盗匪周备，可以保险和取费低廉等等原因，已经为人们所偏爱了"①。

此后，中国木船业的漕粮北上豆石南下的传统运输业务也被外船侵蚀呈逐年衰落之象。

咸丰八年（1858 年）七月，两江总督何桂清奏折中所说轮船对中国帆船的冲击就很典型：他说，今天在天津所议的条款，任外国轮船周游天下，无论何货，互相贸易，则我内地货物，听其在内地

---

① 泰勒·丹涅特著，姚曾廙译：《美国人在东亚》，商务印书馆 1959 年版，第 274 页。

兴贩。垄断罔利，莫此为甚。譬如江苏一省，精华全在上海，而上海之素称富庶者，因有沙船南北贩运，逐十一之利。今听该夷将上海货物运至牛庄，各处货物运至上海，资本既大，又不患风波盗贼，货客无不乐从。而上海之商船船户，尽行失业，无需数月，凋敝立见。以此类推，胥见天下之利柄，尽归于该夷。①

事实确也如此，1863 年上海输入外国制品进口货物总值，达到白银 8200 万两之多，破了 1860 年华北及长江各口开辟后的最高纪录，比 1860 年 4100 万两的上海进口货物总值增加了一倍。考其原因，不外两点：一是从印度输入的鸦片较巨，占进口货值四分之一；二为受天津条约影响，沿海及长江各埠转口贸易继续进展，尤其是洋式船只速度较快，新关行政亦渐画一，商旅称便，趋之若鹜，"故土货多改由洋船，以期运输敏捷苛税免除"②。

1864 年上海输入洋货，仅有小部分在当地销售，其余皆转运别处。四年情形虽复相同，然复出口之额，则增加更巨。其根本原因是因中国沿海及内河输送货物之工具，渐由本国帆船改为洋式轮船。再加此前帆船运货不受海关节制，故其所载货量，难以统计。而归并轮船运输后，所有经运货额，一概列入海关统计，因而数量明显增多。再加 1864 年洋船所运复出口货物，较诸往年尤多。③

同治三年（1864 年）九月初十，江苏巡抚李鸿章上奏称，上海一隅之地，沿海居民多借船业为生。自西洋各国议准通商，上海一口最为繁盛，尤以沙卫各船群聚贸易，始得交易流通，商贾辐辏。

---

① 《筹办夷务始末》，咸丰朝，第 30 卷，第 29—30 页。
②③ 班思德：《最近百年中国对外贸易史》，第 90—97 页，转引自《中国近代航运史资料》第一辑，下册，第 1266 页。

李鸿章像

若令内地商人均已乏本停歇，洋商岂能独获通商之利？惟沙船运销货物，向以豆饼、豆石为大宗，舍此无可贩运，是以和约内有外国船不准装运牛庄等处豆石一条，虽为沙船留一养命之源，实欲保全上海市面，为各国通商经久之计。可自从1860年暂开豆禁，夹板洋船直赴牛庄等处装运豆石。北地货价因之昂贵，南省销路为其侵占。两载以来，沙船资本亏折殆尽，富者变为赤贫，贫者绝无生理。现在停泊在港船只，不计其数，无力转运。若不及早挽回，则沙船停泊日久，船身朽坏，行驶维艰，业船者无可谋生，其在船水手十余万人，不能存活，必致散而为匪，肆行抢掠，商贾难安。

故而李鸿章奏折中请求将登州、牛庄两处豆货查照前约，专归内地商船转运。他认为，似此量为变通之后，于华商生计可以稍留余地，而洋商互市也可永远相安。①同封奏折中他又附片密奏，称江海关道丁日昌有看法，认为上海的沙船壅塞尚有十分值得忧虑的地方：即江浙两省往京师所运漕米如果改归海运，依例应由沙船装载赴北，现在军务虽有头绪而河运一时难复旧章，东南漕粮必然依赖上海沙船起运。可现今沙船无钱贩买，停泊在港者以千百号计。内

———————————
① 《李鸿章全集》，奏稿，卷七，"同治三年九月初十日，北洋豆货上海一口请归华商转运折"。

舶通内外：上海轮船航运业的诞生和发展

地船只以运动为灵，如果半年停泊不行，将由朽而烂。一年不行即化有为无。将来无力重修，全归废弃，海运从何而办？此事非特上海商民市面以及捐税攸关，且于天庚正供大有窒碍，故此他担忧此事"长贻后患，何可胜言"？①

为此，同治四年（1865 年）四月十四日，李鸿章上奏请将东北奉天粮谷准内地商船贩运，奏折中说，上海沙卫等船资本亏折，停泊黄浦港者甚多，日久朽坏，生计竭蹶，于大局殊有关碍。本届苏省新漕及采买米石不及四十万，沙船已不敷装兑，若将来江浙所有漕粮同时海运，沙船日少，从何办理？他称上海商情困敝，萧条日甚一日，据沙船商王永盛等上禀称，其原因一是由于北口之油豆饼被外商夹板船抢装运出，货少价昂，导致近年商船亏本停泊；二是由于商船本钱小者，没有整宗贩运之货。因此李鸿章奏请准许中国帆船商以杂粮米谷与油豆饼并行贩运，希望使得沙船商资本无论轻重均可营生，沙船不致全停，民食得以接济。李鸿章认为，奉天等处杂粮米谷向不准华商贩运，而洋商转得装运往来，独占其利，对华商不公，故而请求给予"米谷杂粮，既准外国商船装运，中国商船似可援照准办，亦系此口运至彼口，与例相符"的权利。②

次年，左宗棠亦奏称，自洋船准载北货营销各口，北地货价腾贵。江浙大商以海船为业者，往北置货，价本愈增，比及回南，费重行迟，不能减价以敌洋商。日久消耗愈甚，不惟亏折货本，寝至歇其旧业。左宗棠认为，东南沿海之区，民众中普遍经商，能够占

① 《李鸿章全集》，奏稿，卷七，"同治三年九月初十日，收回北洋豆利保卫沙船片"。
② 《李鸿章全集》，奏稿，卷八，"同治四年四月十四日，请将奉天粮谷准内地商船贩运折"。

到十之六七，而如今却阛阓萧条，税厘减色。其后果不仅是富商将变为穷人，游手成为人役，更重要的是恐怕海船搁朽，"目前江浙海运即有无船之虑，而漕政益难措手"。①

1865 年，由外国人掌握的海关贸易报告则公开宣称："我们有各种理由认为帆船货运的黄金时代已成为历史。"在中国各个港口从事这种行业的人，今年已不像往年那样获得优厚的报酬。首先，稻米贸易萧条，不能再像原先那样雇用那么多往来于香港、新加坡和上海之间的船只；其次，出口到欧洲的棉花业已停止出口；第三，来往于各港口间的无数艘轮船，运费一律低廉，毫无例外，低到中国商人甚至可以利用轮船来运酱菜了。这种情况下，帆船根本没办法与轮船竞争。"成千上万的帆船闲置在黄浦江上，闲置得快要烂掉了"②。

自《天津条约》关于中外贸易厘定之新章订立后，沿海所开通商口岸，已衔接一气，有如环形。陆续设立的海关，则将大权集于一手，昔日各自为政的情形得以改变。洋商进出口洋货土货物，则借子口税单得以往来内地而享不再重复征税之待遇。"所有国内陆路贸易以及内河沿海之中国帆船运输事业，则逐渐转入洋船之手。外商与洋船之地位，则得条约之保障而愈趋优越"③。

与此同时，沿海的木船生意被轮船所夺，数量也大为减少。

舶通内外：上海轮船航运业的诞生和发展

① 《左文襄公奏稿》，第 13 卷，第 1 页，"同治五年五月十三日，左宗棠奏拟购机器雇洋匠试造轮船先陈大概情形折"。
② Trade Reports.1865，附录，pp.131—132，转引自《中国近代航运史资料》第一辑，下册，第 1266—1267 页。
③ 班思德：《最近百年中国对外贸易史》，第 77—78 页，转引自《中国近代航运史资料》第一辑，下册，第 1268 页。

1866年六月十三日，福州将军兼管闽海关税务英桂奏称，自太平天国起义之后，商业既属萧条，而运货民船又为洋船侵占。自福州、厦门二口办理通商，轮船常川来往，商贾懋迁，维期妥速，内地商货每多附搭轮船运销，既免节节厘金，又无遭风被盗之患，进出口岸系报完洋税。咸丰十一年间，福州口本地商船尚有五十九号，逐年报销，至今仅存二十五号。厦门口商船四十号，亦存十七号。泉州口商船一百七号，今存六十五号。涵江口商船十六号，今存五号。宁德口只有商船二号，铜山口只有商船三号。其福、厦等处从前北省各项商船进出口者，每年计有一千余只，今则减去不止一半，是洋船日多而民船日少。①

福州口的商务报告则称，可以肯定地说，外国轮船，尤其是英国轮船，正在逐渐而稳步地垄断沿海航运，由福州口运往中国其他口岸用帆船装载的货物，已经有三分之一改由外国轮船载运。可能在不久的几年之后，沿海航线就只会剩下寥寥几只无足重轻的帆船。

报告认为，中国人已经充分感觉到把他们的货物交由外国轮船运输能有迅速和安全的优点，他们知道外国轮船可以在任何季节和季候风里航行，同时他们也很精明，他们重视用外国轮船运货可以保险的方便。

中国人或是按月包船，或在货物很多时按航程包程。如果按月包船，一艘350吨的轮船须1500至1800圆，同样吨位的轮船，从福州到上海往返须3500至3600圆，如果到烟台和更北的港口天津，往返所需费用更要大些。

---

① 《经济研究所抄档》，转引自《中国近代航运史资料》第一辑，下册，第1271页。

十六铺衰落，上海港兴起，19世纪30年代黄浦江边孤独的沙船

　　中国人还需要较小的轮船从宁波载运小量杂项货物到上海，这对易于腐败的货物最适合，例如橘子鲜果等等，这类货物需要运输迅速。

　　他们从香港以及汕头和厦门等中间港口所运来的货物大批装在英国轮船上。定期航行在香港与福州之间的英国轮船共有六只。这些轮船为外国商人载运鸦片和铅，这是外国商人进口的主要货物。①

　　这期间，沿海这种帆船的衰落范围相当大并且持续进行。1887年《申报》载文称，该年营口装载粮米之沙船，共有130余艘，由营口南返时，只有92艘载货而回，其余回南者皆是空船。向来粮船回空，载货准予免税，以故回时，未有不装货物者。今乃仅以空船返回，实为向来所未有。其生意萧条，于此可见一斑。②

　　光绪十九年（1893年）八月十五日，福州将军兼管闽海海关税

舶通内外：上海轮船航运业的诞生和发展

---

① Commercial Reports，1865—1866，福州，p. 40，转引自《中国近代航运史资料》第一辑，下册，第1272页。
② 《申报》，光绪十三年闰四月二十五日，1887年6月16日，第2页。

务希元奏称，自洋船通行以来，民船生理渐减。商民以洋船行驶迅速，无风涛之险，且洋税较常税轻重悬殊，遂皆趋之若鹜。向以民船为业者，自知挽回无术，率多弃业改图，每遇民船行驶外洋，遭风损坏，概不修理添补，以故民船日益短少。①

在沿海中国帆船遭到冲击不断衰落时，中国内河同样成为外国轮船扩张势力的目标，列强轮船势力进入和不断扩大内河航运势力的同时，伴随的是中国木船业的衰落命运。这里我们以中国最重要的内河长江流域中的木船业为例进行观察。

同治三年（1858年）七月有清朝大臣奏称，天津所议条约，其中以外国人驻京和轮船入江二条最堪发指。其处心积虑，则在垄断专利，多方误我，竟欲将我内地货物，由此口运往彼口销售，侵夺内地商贩之利。如果坠入其术，则数年之后，我将民穷财尽，彼则富强更甚，事会不可为矣。其欲多添码头，意殆在于此，国计民生大有关系。

此后列强侵入长江的目标无法阻挡。列强通过强迫清政府签订不平等条约，达到了在长江扩展轮船势力的目的。1842年《南京条约》，列强攫取到沿海航行权和长江出海口上海的航行权。1858年《天津条约》，则规定开放长江沿岸的镇江、南京、九江及长江中游的汉口为通商口岸城市，列强轮船的航行权随之实现了从上海延伸到长江中游汉口的目的。1876年的《烟台条约》，又规定增开芜湖、宜昌为通商城市，列强的长江航行权又进一步延伸到宜昌。1895年的《马关条约》进一步规定开放沙市、重庆、苏州、岳州为开埠通商城市。

① 《经济研究所抄档》，转引自《中国近代航运史资料》第一辑，下册，第1268—1269页。

这样，除长江干流的航行权被列强强行延长到四川的重庆外，还使外国轮船打破了过去不得驶入内河的禁令，使其得以沿吴淞江经运河驶入苏州和杭州，从而使长江干支流航行权丧尽无余。与此同时，列强还取得土货贩运权和内地通商权等一系列特权，打开并取得了通向广大中国内地市场的通道。

西方列强攫取长江航行权的首要原因，是长江流域在商业上具有的巨大价值和广阔前景。19世纪60年代，在长江轮船航运发展中起过重要作用的美国旗昌轮船公司的主要人物金能亨，曾对长江客货运业务进行过估计。他经过调查后认为，长江的营业额几乎难以估量，他以原棉一项为例称，估计长江流域的产量便大大超过美国全国的产量，中国国内贸易的运输量姑且不论，单以外国人经手的货运而言，数量便十分可观。他说，湖南、湖北的茶叶有500多种规格，在供应市场时，需顺长江而下。以两湖茶叶而论，总量估计便有7万吨。继7万吨货物之后，还有更多的生意可做。在贩运土货的回程方面，金能亨估计：回程货运量同样巨大。在汉口出售的外国棉织品，估计一开始就会达到2.5万吨，而这些棉织品只占上海总进口量的一小部分。客运方面，金能亨称可从广州至香港间的客运量来推算，他认为两地船只的每天客运量通常为二三百人，有时甚至达到五百人，很少低于五十人或一百人的，那么，中国主要航道上的客运，又该是怎样的一番情景呢？在中国人看来，香港只不过是一块海外属地罢了。①

事实上，1853年，在列强尚未取得长江内河轮船航行权时，西

---

① 见刘广京：《英美航运势力在华的竞争》，上海社科院出版社1988年版，第6—7页。

風從海上來——近代上海經濟的崛起之路

上海港码头成为洋货堆栈

方的工业制品就已通过上海与武昌间的木船大量运入内地，也就在这一年，与深入长江上游，远离通商口岸的武昌进行贸易的千百条木船所满载的货物中，就不仅包括从美国和英国运去的所有产品，还包括英美两国船只运进的鸦片。①取得长江轮船航行权后，外国轮船商在所从事的轮船航运业中都赚到了高额利润。金能亨的美国旗昌轮船公司在1867年这一年，纯利润就高达806011两，其中单以往长江上游装运棉花而论，便为该公司挣得毛利约24万两。②"大英轮船公司的董事们同中国的交易全是史无前例的最赚钱的买卖，单就上海丝这一项来看，今年（1860年）完全有可能达

---

① 聂宝璋：《中国近代航运史资料》第一辑上册，上海人民出版社1983年版，第140、96页。

② 聂宝璋：《中国近代航运史资料》第一辑上册，上海人民出版社1983年版，第465页。

黄浦江上的外国趸船

到 5 万件。丝的运费是每件白银 10 两，总数就是 50 万两，合英镑十六万二千五百镑！"①

　　长江流域腹地深广的内地市场是列强极力攫取长江轮船航行权的又一重要原因。1871 年，英国朴内茅斯召开的商会联合会上，就有不少商人提议，为了促进对华贸易，要说服英国政府在下次修订条约时，为英国商人取得通过长江进入中国腹地的权利，要指出中国市场对英国纺织品开放的巨大重要性，"否则我们的许多织布机和生产能力不久一定要闲置起来"②。实际上，英国轮船商在中国的轮船航运业中，始终占着很大的比重，中国沿海航运及内河航运中，英国占有明显优势。自 19 世纪 70 年代美国在华航业衰落起，

① 《北华捷报》1860 年 12 月 29 日第 207 页，转引自聂宝璋《中国近代航运史资料》第一辑上册，第 301—302 页。
② 《北华捷报》，转引自聂宝璋《中国近代航运史资料》第 373 页。

舶通内外：上海轮船航运业的诞生和发展

至 1900 年后日本在华航业兴起止，"在华外商各大轮船公司都是英人设立的"①。直到 1897 年，"英船所载货物，占外船所载总数 82%，英船所纳关税，占外船所纳总数 76%"②。

列强极力攫取长江轮船航运权的第三个原因，是外商轮船深入内地取得土货贩运权和内地通商权后，能与列强在通商各口岸城市设立的分支机构，建立的码头仓栈和保险系统等形成外商轮船运输体系，加上和官办商人联接形成的网络，构成列强在华政治权益和势力范围的重要内容。因此，西方列强都把在长江行轮看成是势所必争之事。

长江刚开放的 1862 年至 1863 年，上海拥有一二艘轮船的外国商行为数不下 20 家，这些商行都愿将它们的船只放在长江行驶。1864 年，打算专营长江航运业务，被视作长江航运"正规"的外国轮船公司，达到 7 家，共 16 艘轮船。③ 这些在长江航运中占据重要地位的外国轮船公司，主要分属英美两家，其中又以英国占优势地位。这是长江流域一直被英国视为自己"势力范围"的重要原因。

西方列强把大量轮船强行引进长江，必然会对长江原有的运输格局造成强大冲击。据统计，长江在出现轮船以前，干支流上原有的大中型（七八百石，即约 50 吨以上）的帆船全部共约八十万吨，④ 即平均 16000 只左右，承担着长江客货运的业务。自长江轮船通航后，由于中国帆船行程迟缓，不但有欠安稳，而且航无定期，上行

---

① 雷麦：《外人在华投资》，商务印书馆 1959 年版，第 254 页。
② 雷麦：《外人在华投资》，商务印书馆 1959 年版，第 255 页。
③ 见刘广京：《英美航运势力在华的竞争》，上海社科院出版社 1988 年版，第 36—37 页。
④ 樊百川：《中国轮船航运业的兴起》，四川人民出版社 1985 年版，第 182 页。

时尤感困难之故。① 因此，从 1860 年开放长江轮船通航后，不过数年光景，"数千艘帆船便被逐入支流"。② 再过数年，已是"长江轮舶横行，价贱行速，民船生意日稀，凋零日甚"。③

而且，列强轮船进入长江主流水域后，数千艘帆船被逐入长江支流。被逐入支流的这些帆船却又成了当时行驶在支流中的更小的木船的强有力竞争者。结果又在这些支流中引起大批较小木船的停航。在其竞争下，这些小船的船夫被贫困和诱惑所屈服。甚至当时把货物交由轮船装运的中国商人，也悲叹这些船家被突然打翻原来生活方式的遭遇，还听说其中有许多人为了吃饭而不得不加入叛军。④

木船业衰落涉及面很广。对清政府而言，船税流失即为重要的一项。

光绪六年（1880 年）八月初三日，江西巡抚李文敏奏称，即如船料一项，昔年商贾运货，行旅往来，莫不雇佣民船，今悉改就轮船。近年长江又添两口五处，准轮船停泊，上下客货。轮船愈便则附搭愈多，民船日稀则税项日短。近年洋行轮船陆续增添，是以本届过关轮船共有六百数十只，比上年又多数十只，侵占民船税料何

---

① 姚贤镐：《中国近代对外贸易史资料》，中华书局 1962 年版，第三册，第 1414—1415 页。

② U.S.China Despatches, Vol. XXIV, No. 16, of Williams to Seward, Williams to Secretary Seward, Peking, July（undated），1868, 转引自姚贤镐《中国近代对外贸易史资料》1840—1895，第三册，中华书局 1962 年版，第 1415 页。

③ 《李鸿章全集》，朋僚函稿，卷十三，"同治十二年十一月十六日，复彭雪琴宫保"。

④ U.S.China Despatches, Vol. XXIV, No. 16, of Williams to Seward, Williams to Secretary Seward, Peking, July（undated），1868, 转引自姚贤镐《中国近代对外贸易史资料》1840—1895，第三册，中华书局 1962 年版，第 1415 页。

止十万。

光绪十四年（1888年）四月二十日，江西巡抚德馨奏称，长江未通商贾以前，商贾运货，行旅往来，悉雇佣民船，帆樯如织。自有轮船行驶，附载便捷，商贾市民，莫不舍民船而就轮船。1876年至1877年前，过九江关之轮船每年尚止四五百只，近来多至七八百只。轮船大逾民船数十倍，侵占船税，何止十数万两。[①]

对广大船民来说，木船业衰落直接关系他们的生计。1903年时，长期担任过中国海关总税务司的赫德在他的书里说，"五十年前经营牛庄和华南各埠沿海航运的中国帆船已摧毁殆尽，大部分华南的贸易也同样转由外国船只载运。扬子江上不断增长的国内贸易也正在吸引着越来越多的外国轮船。过去中国的船业资本家现在变成了乞丐，而他们所雇的船夫，则痛恨他们的政府允许外国人参与国内贸易和外国人夺取他们的生计"。[②]

鸦片战争后，在外来列强轮船攫夺中国利权，夺占中国市场的竞争打压下，中国历史悠久的木船业出现了明显衰落，从一个角度激发诞生了中国的轮船航运业。

二、清朝政府对轮船航运业的认识

轮船航运业在近代中国诞生，是古老中国发生的里程碑式事件。

---

① 《经济研究所抄档》，转引自《中国近代航运史资料》第一辑，下册，第1274页。

② R.Hart: These from the Land of Sinim, London, 1903, pp.71—72, 转引自姚贤镐《中国近代对外贸易史资料》1840—1895, 第三册, 中华书局1962年版, 第1417页。

轮船在速度性能方面的优越性；引进轮船解决木船衰落和漕运困窘；兴办轮船与洋商轮船抗衡争利等，是华商轮船航运业兴起的根本之因，但其酝酿和兴办过程，却是千回百转，障碍重重。

两次鸦片战争与镇压太平天国农民起义的战争中，与西方事物接触较多的督抚曾国藩、李鸿章、左宗棠等人，较早察觉到轮船的优越性并产生购买及制造的想法。咸丰十一年（1861年）八月，两江总督曾国藩奏称，轮船之速，洋炮之远，在英法则夸其独有，在中华则罕于所见。若能陆续购买，据为己物，在中华则见惯而不惊，在英法亦渐失其所恃。他认为，若能购成之后，访募覃思之士，智巧之匠，始而演习，继而试造，如此，则"不过一二年，火轮船必为中外官民通行之物"。[①]1863年，李鸿章亦称，俄罗斯、日本从前不知炮法，国日以弱，自其国之君臣卑礼下人，求得英法秘巧，枪炮轮船，渐能制用，遂与英法相为雄长。[②]同年四月他又说，"中国但有开花大炮、轮船两样，西人即可敛手"。[③]

1864年八月，李鸿章答复总理衙门查询各口商民雇用洋船情形的信中，采纳苏松太道丁日昌的意见，提出设厂造船与允许华商置买洋船的建议。李鸿章的回复中附入丁日昌的秘禀，具体说明建议的目的和施行的原则办法。丁日昌在秘禀中认为，船坚炮利，外国之长技在此，其挟制我国亦在此。彼既恃其所长以取我之利，我亦可取其所长以为利于我。他称，雇买火轮夹板船只，其弊在于匪徒

① "议复购买外洋船炮为今日救时第一要务"，《海防档》甲，购买船炮（一），台湾"中央研究院"近代史研究所编，1957年版，第20页。（以下简称《海防档》）
② 《李鸿章全集》，朋僚函稿卷三，"上曾相"（同治二年三月十七日）。
③ 《李鸿章全集》，朋僚函稿卷三，"上曾相"（同治二年四月初四日）。

托名驶出外洋行劫。但若能设法稽查，由地方官编以字号，如沙船之类，置买时有富绅保结，出口时归监督稽查。其船上水手舵工，初用洋人指南，习久则中国人亦可自驶。船货过关，不准丝毫索费，浃以恩而示以信，无事则任彼经商，有事则归我调遣。若使各港口有轮船二三十号，夹板百十号，不仅壮我声势，而且能够夺彼利权。轮船能够朝发夕至，我有船后，洋船能往我亦能往，而市价之高下，物产之精粗，洋商却不及华商之精，则取利必不及华商之易。故此，洋商初以利厚而来者，继将以利薄而去。以矛刺盾，此中大有机权，"又何惮乎不弃我之短，以就彼之长乎哉"？故此他建议，"筹储经费，择一妥口，建设制造夹板火轮船厂，令中国巧匠随外国匠人专意学习"，同时准中国富绅收买轮船夹板，"以裕财源而资调遣"。①

同治五年（1866年）五月，左宗棠在论及与英人的冲突时也说："陆地之战，彼之所长皆我所长，有其过之，无弗及也。若纵横海上，彼有轮船，我尚无之，形无与格，势无与禁，将若之何？"②为此，他向清廷秘陈他在福州设立船厂的计划。在奏折中，他对轮船的看法与丁日昌颇为一致。他认为，东南大利在水而不在陆。自广东、福建而浙江、江南、山东、盛京以迄东北，大海环其三面，江河以外，万水朝宗。无事之时，以之筹转漕，则千里犹在户庭；以之筹懋迁，则百货萃诸廛肆，非独渔盐蒲蛤足以业贫民，舵梢水手足以安游众。有事之时，以之筹调发，则百粤之旅可集三韩，以之筹转输，则七省之储可通一水。他针对外国轮船在中国沿海内河

---

① 《海防档》丙，机器局，第4—5页（第一号文）。
② 《左文襄公全集》奏稿卷十八，"复陈筹议洋务事宜折"，第10页。转引自中国史学会主编《洋务运动》（第一册），上海人民出版社、上海书店出版社2000年版，第18、19页。（以下简称《洋务运动》）

载客运货带来的冲击指出，自洋船准载北货营销各口，北地货价腾贵，江浙大商以海船为业者，往北置货，价本愈增，比及回南，费重行迟，不能减价以敌洋商，日久消耗愈甚，不惟亏折资本，寖至歇其旧业。目前江浙海运即有无船之虑，而漕政益难措手，是非设局急造轮船不为功。他强调此事急迫称："彼此同以大海为利，彼有所挟，我独无之。譬犹渡河，人操舟而我结筏，譬犹使马，人跨骏而我骑驴，可乎？"他进而归结："天下事始有所损者终必有益，轮船成则漕政兴，军政举，商民之困纾，海关之税旺，一时之费，数世之利。"①

1864 年九月，在复李鸿章的函中，总理衙门对丁日昌的秘禀甚为赞赏，称其建议"识议宏远，迥非觌之目前可比，足为洞见症结，实能宣本衙门未宣之隐"。②即请李鸿章加以全盘筹划。此后左宗棠的奏请，也得到批准。于是，1865—1866 年间，江南制造局与福州造船厂得以相继建立。

三、漕粮运输的困局是轮船航运业兴办的又一动因

在是否兴办轮船的讨论中，漕粮的运输问题亦为关注的焦点之一。

漕粮是将江南所产的大米等税粮运往京城的大事，被称为"天庾正供"、"一代大政"。但是漕粮北运的制度行之多年，漕务形成的积弊，由来已久。清初陆世仪即有"朝廷岁漕江南四百万石，而江

① 《左文襄公全集》奏稿卷十八，第1—5页。
② 《海防档》，机器局，第6页（第二号文）。

南则岁出一千四百万石。四百万石未必尽归朝廷，而一千万石常供官旗及诸色蠹恶之口腹"①的评论。嘉道间包世臣亦有"漕为天下之大政，又为官吏之利薮"②的批评。随着太平天国失败，江南收复之地渐多，如何解决漕粮增加而河道停废、沙船凋零的难题，成为清廷颇费踌躇的一大难题。

此前漕粮长期依赖河运，后因战争及黄河冲淤，再加外国轮船出现后对沙船造成的冲击，漕粮河运已成难解之局："东南漕粮，必赖上海沙船起运。"但"今沙船无资购买，停泊在港者以千百号计。……将来无力重修，全归废弃，海运从何而办？"③

对于任何解决漕粮运输的难题，清政府之间充满了不同意见的争论，其中有主张修复运河恢复河运者，有主张租雇外国轮船通过沿海运送者，有主张政府出资购买或修复沙船进行运输者。这其中充满了各种利益集团的争吵：总理衙门与户部之间意见不同，洋务派与顽固派意见不同，同一观点之间又因立场和利益不同而意见不同。因此争论十数年而难以取得一致意见。

但是漕粮运输的困局终要解决，这也成为近代中国轮船航运业兴起的动机之一。

四、与外商轮船争利是兴办轮船企业的另一动因

此时，外商轮船在中国水域中日益兴盛，拉客载货获取厚利的

---

① 贺长龄辑：《皇朝经世文编》卷四十六，第3页。
② 贺长龄辑：《皇朝经世文编》卷四十六，第8页。
③ 聂宝璋：《中国近代航运史资料》，第一辑下册，第1314页。

事实，从另一方面刺激了晚清朝野兴办轮船与洋商争利的舆论和动议。

1848 年，在大英、法兰西火轮、美国太平洋邮船等外国远洋轮船公司直达中国港口航线以外，中国领水中首次出现了专业行驶于中国的外国轮船公司——省港小轮公司（Hong Kong & Canton Steam Packet Co.），此后十数年，旗昌、省港澳、公正、北清、太古、华海等外国专业轮船公司亦相继成立。① 这些外国轮船公司资力雄厚，在各口遍设分支机构，拥有各自的码头、仓栈、保险系统，构成相当完整的外商轮船运输体系。

外国轮船运量大、快速、准时、受气候水流影响小，并受条约保护，不需交纳厘金、不受沿途关卡勒索，商旅乐其利便，"咸趋之若鹜"，"潮流如斯，势难禁阻"，② 因此外轮公司大获其利。外商轮船公司快速扩张以及获取丰厚利润的现象和事实，刺激和吸引了众多华商投资外轮公司或购置轮船冒挂洋旗"诡寄"经营，并呈逐步扩大之势，使清廷深感管理和税收方面存有隐患。

此外，外商轮船公司还以轮船需求燃料，轮船需要维修，外运土货需要加工整理等为由，不断向清廷要求获得开采煤炭，设立修船厂和其他加工设施之权，持续施加压力，使清廷左支右绌，难以应付。

种种趋势，预示未来会是"变亦变，不变亦变"之局，曾国藩、李鸿章、左宗棠等主张兴办洋务的大臣知道兴办轮船的潮流势所必

舶通内外：上海轮船航运业的诞生和发展

---

① "外国主要轮船公司设立情况表"，见《中国近代航运史资料》第一辑，第727 页。

② 班思德：《最近百年中国对外贸易史》，海关总税务司统计科译印，民国二十年（1931）版，第 144、145 页。

然，难以阻挡。且便捷的轮船、精巧的机器，以及煤、铁的开采和利用，均彼此依存。故此，他们提出顺应潮流，兴办轮船。其着眼和出发点，均注重国防与民生并重，军备与商用兼顾，但此种看法，仍难获清廷朝野之大多数人认同。

反对采用轮船运漕，与威胁到清廷中央及地方漕运官员的利益有关，反对兴办轮船和举办洋务，则与社会上仍然存在根深蒂固的排外势力和舆论密不可分。这些势力利用朝野强烈的反侵略情绪，鼓吹排斥抗拒外来的一切事物："一闻修造铁路电讯，痛心疾首，群相阻难，至有以见洋人机器为公愤者"，见有华人乘坐轮船驶至内地，竟至"官绅起而大哗，数年不息"。①

在此背景下，兴办轮船，民用轮船航运事业的倡导处于最低谷。直到1872年一月，内阁学士宋晋奏请裁停闽沪局厂造船，从根本上危及洋务事业兴废时，清廷中的恭亲王与曾国藩、李鸿章、左宗棠、沈葆桢等地方督抚大员联袂而起，与之驳拒，筹谋变通之方，尤其是李鸿章尖锐地批评宋晋等人的看法是迂腐之见："西人专恃其枪炮轮船之精利，故能横行于中土"，而我国"士大夫囿于章句之学而昧于数千年来一大变局，狃于目前苟安而遂忘前二三十年之何以创剧痛深，后千百年之何以安内而制外，此停造轮船之议所由起也"。②

在这样的背景下，中国的第一家新式轮船航运企业——轮船招商局才得以诞生。

---

① 郭嵩焘"伦敦致李伯相"，见《洋务运动》（第一册），第304页。
② 《李鸿章全集》奏稿卷十九，筹议制造轮船未可裁撤折（同治十一年五月十五日）。

五、轮船招商局的成立

同治十一年（1872年）五月十五日，在李鸿章奏称制造轮船未可裁撤，闽沪船厂应准其间造商船，招令华商领雇，并准其兼运漕粮，方有专门生意，不至为洋商排挤后，得到清政府批准。同年八月，李鸿章委派沙船巨商候补知府朱其昂筹办轮船招商事宜。十二月，朱其昂等制订《轮船招商局条规》二十八条，其中规定：在上海设立总局，各口设立分局；轮船报关装货一切事宜，均照洋商章程办理；由直隶总督李鸿章委派总办，禀请刊刻关防，"所有公牍事件，悉归总办主裁"。李鸿章认为该《条规》"大致似尚公允"，① 当即批准施行。于是，轮船招商局正式取得合法身份。同治十一年十二月十九日，招商局在上海以"总办轮船招商公局"的名义正式开局营业。

1901年轮船招商总局办公大楼

① 《海防档》甲，购买船炮（三），第920—923页。

　　招商局开办半年后，李鸿章对其进行了改组，委派当时"于各国情形以及洋人洋语，罔不周知"①。对于航线的开辟、轮船的调配以及中外贸易情形都十分熟悉的买办唐廷枢和徐润，进入招商局主持局务。唐廷枢、徐润是力主招商局要商事商办，要效法西方企业，按照资本主义经营方式经营的代表人物，是中国当时商人中能够经营新式航运企业的最合适人选，他们不仅自身广有资财，而且在多年买办生涯中积累了丰富经验，进入招商局前已有经营新式轮船公司的经历，具有较高的经营管理才能和识见。在他们主持期间，轮船招商局处于最富于进取精神和最活跃的时期。

　　唐廷枢、徐润主持局务后，按照自己的计划广招股份，扩大营业，着手组建各口岸分支机构，除上海总局及天津分局外，又相继设立了牛庄、烟台、福州、厦门、广州、香港、汕头、宁波、镇江、九江、汉口及国外的长崎、横滨、神户、新加坡、槟榔屿、安南、吕宋等分局。

　　经过唐廷枢、徐润改组调整后的轮船招商局，势所必然地成了外商轮船公司的排挤打击对象。美商旗昌轮船公司和英商太古公司原来就曾公开声言，在长江水道和沿海航线上，"凡他公司有船同日并走者，必与之争拒"。在北洋航线上，旗昌和怡和也订立了排它性的运价协议。在外商的"争拒"活动中，最明显和外在的表现是跌价竞争。这场降价竞争相当激烈，招商局靠漕运专利、回空免税和官款的协济，尤其是国内商人的广泛支持，依然能获得比外国轮船公司更多的货运，②实力还逐年上升，1873年有船4只2319吨，

① 《海防档》乙，福州船厂（二），第686页。
② 聂宝璋：《中国近代航运史资料》第一辑，下册，第1168页。

1874 年增到 6 只 4088 吨，1875 年又增到 9 只 7834 吨，1876 年达到 11 只 11854 吨。① 光绪二年（1876 年）太常寺卿陈蘭彬奏称招商局办理已有成效，他说，"合计三年，中国之银少归洋商者，约已一千三百余万两"。又说，"洋人轮船之入中国，为害最甚，中国自创办招商局轮船以来，洋人不能尽占中国之利，办理已有成效，为中外大局一关键"。②

各种原因使处于困境中的美国旗昌轮船公司转而求售于轮船招商局。徐润与唐廷枢、盛宣怀共同商议后，以购买旗昌轮船公司既可增强招商局实力，又可少一有力竞争对手为理由，经过运营，以免交利息、10 年归还的方式，请求清政府拨借官款 100 万两③，并购了这家外商轮船公司。

于是，这家在中国沿海内河横行十余年的外商轮船公司，终于在 1877 年初以规银 222 万两的代价由招商局收购，其中 200 万两系旗昌轮船公司在汉口、九江、镇江、宁波、天津各码头以及洋楼和栈房的折价。④ 正因如此，这一年招商局的船队即从头一年的 11 只 11854 吨猛增一倍多，达到轮船 29 只 30526 吨。⑤ 并使各通商口岸进出中外轮船吨位的对比数从 1872 年前中国的空白，一跃增加到 36.7∶63.3。⑥ "从此国家涉江浮海之火船，半皆招商局旗帜"。⑦

---

① 据聂宝璋《中国近代航运史资料》第一辑，下册，第 1000 页统计表数字。
② 《洋务运动》，第六册，第 10、12 页。
③ 《洋务运动》，第六册，第 14 页。
④ 《海防档》甲，购买船炮（三），第 946—947 页。
⑤ 据聂宝璋《中国近代航运史资料》第一辑，下册，第 1000 页统计表数字。
⑥ 严中平主编：《中国近代经济史统计资料选辑》，科学出版社 1955 年版，第 221 页。
⑦ 《申报》，1877 年 3 月 2 日（光绪三年正月十八日）。

光绪七年（1881 年）李鸿章奏称，招商局已占"江海生意之大半"，"统计九年以来，华商运货水脚少入洋人之手者，约二三千万，虽为薪工、修理、局用所耗，而其利固散之于中华，所关于国体商务者甚大。该局船不时驶往东南两洋，今且骎骎开驶赴西洋之先路。直、晋、豫等省旱灾之时，该局船承运赈粮，源源接济，救活无数灾民。往岁台湾、烟台之役，近日山海关洋河口之役，该局船运送兵勇迅赴机宜，均无贻误，洵于时事大局有裨"。[①] 李鸿章的这些总结，是对招商局成立后短期内取得成绩的一个概括，应该说大体是符合事实的。

对于这件事，当时的舆论给予了很高的评价，说这是千百年来创见之事。也可以说，这是近代中国商战第一捷，第一次取得商战大的胜利。这是招商局发展的高峰，也是上海为基地的华商轮船航运业在甲午战争之前发展的最高峰。招商局并购美国旗昌轮船公司后，招商局的局船不仅驶往东西两洋，而且还开到了美国，顺着红海开到了欧洲、非洲等地。例如招商局的局船有到旧金山，但是因为对方采取种种措施进行限制，所以这个航线不是定期航线，往欧洲一直到伦敦的这条航线，也是不定期的。往日本、往东南亚这些地方是定期的长期航线。自从郑和下西洋以来，再一次有中国的船只通到了外海，而且一直通到了东西洋，这是前所未有的。

1895 年《马关条约》以后中国航运业开始崛起，上海地区的航运也随之变化。1895 年中日战争中国战败，《马关条约》签订，对中国近代社会可以说是创巨痛深。日本轮船得以进入内河内港行轮之

---

① 《洋务运动》，第六册，第 60 页。

规定，使社会舆论惊觉一个大危机的到来。日本能够开到内河，其他国家也都可以，所以当时的报纸就说各国轮船皆将群起效尤，帆影轮声，不十载将遍行于内地，对破除反对中国兴办轮船的顽固力量而言，则是一大助力。过去清政府都是采取种种措施阻挡，不让中国民间自由兴办轮船公司，但是现在外国都来了，他们马上就进入内河了。所以当时的舆论很愤怒，说："吾不知持迁执之论者，与华民何雠，而必欲百折千磨，锢绝其生路也；与西人又何亲，而必欲千方百计，让彼以先鞭也。"① 本来我们是可以自己先发展起来，可是你们拦着、阻着不让，现在外国人来了这才开放了，为什么一定要让他们得以先鞭？

1895 年，清廷电令各省督抚准许"内河行小轮以杜洋轮攘利"，但无具体措施法规。1898 年，《内港行船章程》公布，正式通告"中国内港，嗣后均准特在口岸注册之华洋各项轮船，任便按照后列之章往来，专作内港贸易"。这个时候才对华商兴办轮船航运业的禁令解除了，1872 年招商局成立，到 1898 年过了 26 年才准许国内的轮船航运业解禁。这个时候轮船航运业才有了比较宽松的发展环境。在这个时候，兴办华商轮船航运企业因为所需资本比较少，只需购买一只小轮即可开办，故 19 世纪末 20 世纪初中国民族资本主义轮船航运业得以较快兴起和发展。尤其是江南这块，现在小轮船可以在这些地方活跃了。这个地方我们就做了一个统计表。这个统计表看起来比较复杂，是两种统计，一种是各年创办小轮公司统计，1895 年只有 3 家，1911 年是 44 家，16 年加起来小轮船公司是 499

舶通内外：上海轮船航运业的诞生和发展

---

① 陈炽："遍驶轮舟说"，《续富国策》，光绪二十二年刊，第 4 卷，第 16 页。

家。另一种是海关登记通商各关华洋进出口统计，从通商各关进出口中国轮船只吨数看，也分别增长了 3.58 倍和 1.58 倍。不管哪一种统计，都表明中国的轮船公司在快速增长。16 年当中，船只数增加 5.21 倍，吨数增加了 1.76 倍。这些统计实际上还不是很完全，实际数字可能还要多一些，但是我们没有其他的办法找到那么多更加可靠的数字统计，只能从这些数据上面看趋势。

在这个时期，外商轮船势力也在快速发展，特别是日本的轮运势力正在进入中国领水并迅猛扩张，久已在华的英、德、法、美等列强航运势力为谋在华更多的利权，也在迅速增强实力。中国的轮船航运业在并无清政府财政资助，与外商轮船公司相比尚要缴纳厘金等种种不利因素的困扰下，主要活动在外国轮船航运企业和中国轮船招商局尚未控制垄断的内河内港地区。

这期间中国民族资本轮运业的发展，大体具有以下几个方面的特点：一、此期据不完全统计，各年新成立的小轮船公司数量都在 20 家以上，多数年份在 30 至 40 家。这个统计数字并不完全，即使如此，在 1895 年至 1911 年的 16 年中，新创办的小轮公司如上所述已有 499 家，加上其他轮船企业，1911 年全国共有民族轮船企业近 600 家，各种轮船 1100 只，资本或船本有 2200 万元左右。[①] 从企业数目看，已远超过 1895 年至 1911 年全国新设立的厂矿企业总数，资本总额也超过食品工业和机器工业 [②]，成为此期中国近代企业中数

---

① 参见樊百川：《中国轮船航运业的兴起》，四川人民出版社 1985 年版，第 457 页。

② 据严中平《中国近代经济史统计资料选辑》，科学出版社 1955 年版，第 95 页表计算。同期全国工矿企业成立数为 447 家，机器工业和食品工业资本合计 1801 万左右。

量最多、分布范围最广、最为活跃的领域。

二、虽然发展比较快，可是有实力的轮船公司和大吨位的轮船不多，1895年至1911年的16年中兴办的轮船公司，绝大多数是小型企业。其活动场所主要在长江等大江河的支流和内湖内港地区，这些地区地域辽阔，航道众多，港汊纷繁，加之城乡商品经济发展，华资小轮业得以生存发展。以其条件，在江河干流主航道上，尚还处于竞争劣势。

三、上海苏州地区河港遍布，又连接近海远洋，为国内外商贸中心，自内河轮船开禁之后，迅速成为华商兴办小轮业的中心地区之一。

1899年，《申报》有文章形容上海地区小轮业发展情况，称"内地通行小轮船，取费既廉，行驶亦捷，绅商士庶皆乐出于其途。沪上为南北要冲，商贾骈阗，尤为他处之冠"。该报道描述每日小轮船去往苏杭嘉湖等处的情形时说："遥望苏州河一带，汽管鸣雷，煤烟聚墨，盖无一不在谷满谷、在坑满坑焉。"小轮船所占航道之地不多，重要的业务之一是拖带民间木船运货，"多者十余艘，少亦五六艘，翩翩联联，如鸭衔尾"①，这样的现象非常普遍，这里是上海地区小轮业发展最好的地方。

上海及周边地区的松江、青浦、通州、嘉定、昆山、南汇、闵行、海门都出现了小轮公司，创办者有商人有绅士，小轮船有从外国买的，也有自己定制的。这些是1895年以后到第一次世界大战时的小轮船公司的创办情况。这段时间的普遍特点是小轮公司大量兴起，但是兴废无常，往往买一条小船就是一家公司。这家公司经营得不好可能就又

舶通内外：上海轮船航运业的诞生和发展

---

① 《申报》1899年六月二十八日。

卖掉了，又另外成立了一家公司。截至 1906 年，经营沪苏航及其附近的航业公司还有 11 家，其中外国公司有 2 家，中国公司有 9 家。

第一次世界大战前后中国轮船航运业的发展趋势是越到后面发展速度越快，规模越大，1913 年到 1924 年的 12 年中，轮船只数和轮船吨数均呈现逐年持续稳步增长的局面。12 年中，轮船只数和吨数增加了 2 倍多，其中，吨位数 100 吨至 1000 吨的部分增长最为显著，无论是轮船只数还是吨数，增长都在 3 倍以上。但是，最为引人注目的，应当说是千吨以上轮船增长的状况，从 1913 年到 1924 年，千吨以上的轮船从 47 只增加到 149 只，增长了 2 倍多。吨位数从 98447 吨增加到 291931 吨，增长幅度虽不到 2 倍，绝对吨位却超过千吨以下所有轮船增长吨数的总和。更重要的是，这类型轮船的增加，尤其是万吨轮船的出现是一大特点。例如美国的华侨购买的万吨轮船，开辟了中国轮船公司，大大改变了此前中国大型轮船明显短缺的状况，为中国轮船航运业在江海各条航线上与外国轮船公司抗衡，进而开辟远洋航线奠定了基础。

到抗战全面爆发以前的 1937 年，上海轮船航运业的情况是：沿海方面，到 1937 年，共有轮船公司 34 家，其中 14 家是 1927 年后成立的；内河航运方面，1936 年上海本地轮船企业 69 家。上海县境，30 年代前，仅有 2 家轮船公司经营闵行至平湖一线，1931 年到 1932 年前后，10 多家新公司接踵产生，通航地从平湖增至杭州、湖州及上海、南汇各个码头。到 1937 年，行经县内各镇的轮船公司达 22 家，有 15 条航线，34 条客运班轮。"班轮多，班次稳定，一时水上客运极为兴旺"。这个时期上海轮船航运业的发展带来了内外贸易的活跃，所以我们讲舶通内外，内外贸易都得到了发展。

1843 年，当时有一个外国人做了一项调查，他说上海是一个不大的城市，县城周围约 5 英里，人口据说约有 12 万，在建筑、外貌、富裕等方面，均次于宁波，但因为其具有相当便利的交通条件，经由水路交通，它就能够和三分之一以上的中国联系起来，而且上海和中国大部分地区之间的陆路交通几乎和它的水路交通同样便利，贸易额相当大，大多数在中国有声望的英国洋行和美国洋行在这里均设有分支机构。

　　依靠长江流域广阔的腹地市场和便利的交通条件，上海开埠以后很快就取代广州而成为中国进出口贸易的中心。到 1911 年时，上海在中国对外贸易总值中占 44.2％以上，此后比例进一步增加，到 1933 年时已超过全国对外贸易总值中的一半，达到 53.4％，到 1947 年时甚至占到全国对外贸易额总值中的 69.4％。到了 1947 年加上铁路，内外贸易越来越活跃。

　　此时中国资本轮船航运业的发展，无论是远洋、近海还是沿海，也无论其总公司设在何处，上海都是一个中心，包括外国的轮船公司也把上海作为一个远东的航运中心，这由上海的地缘条件和进出口贸易情况所决定。也就是说，到第一次世界大战为止，伴随中国轮船航运业的发展，上海已经成为中国近代航运业的中心地区。

　　上海轮船航运业的发展是古老中国人民不甘落后，追赶世界先进国家的具体体现和例证之一，是中国人民展现聪明才智的舞台之一。轮船航运业的发展和开放，是中国古老市场和世界市场的联通。我觉得这点非常的重要，外国侵略我们，不管是经济侵略还是军事侵略，但是他打开了中国的大门以后，客观上使中国的广大内地市场和世界市场开始连接，这个联通打开了近代中国人的视野。上海

舶通内外：上海轮船航运业的诞生和发展

早期的工业只要是机器工业，绝大部分是买的，但这个买也是靠轮船运来，所以是引进了先进生产力和资源，促进了农业文明向近代工商业文明的过渡和发展。但是很快我们就能够仿造和进一步自己制造，上海在这个过程中也成为了中国的交通中心、制造业中心、金融中心和贸易中心。

轮船航运业与近代上海城市精神特点之间很有关系，"海纳百川，追求卓越，开明睿智，大气谦和"，这十六个字被称为上海城市精神的概括。为什么上海会有这样的城市精神？上海从近代开始最早人口只有12万，后来是中国最大、人口最多的城市，也是经济最发达的城市，工商业、交通运输业、金融业制造业最发达。海纳百川，中外杂处，四方的移民，中外的移民都在这个地方相处，外来的先进生产力、文化、制度也在这个土地上交汇、碰撞、发展。这些都是孕育了上海城市精神的条件。

轮船航运业在这个过程当中特别是在早期起了非常大的作用。那个时候联通外国的就是轮船，到20世纪初还是靠轮船。上海的轮船航运业的发展和上海城市精神之间有紧密的联系，这一点是毋庸置疑的。

中国近代轮船航运业的崛起经历了曲折的道路，有三个明显的发展节点：1895年以前，主要的轮船公司只有轮船招商局一家；1895年是第二个节点，进入了第二个发展时期，特点主要是华商小轮船业普遍兴起；第一次世界大战前后到抗战全面爆发是第三个节点，中国大中型轮船公司开始兴起。但是无论在哪一个时期，上海都处于全国航运业的中心位置，这个地位是在第一和第二个阶段就已经明显地奠定了。

华东师范大学历史系教授，博士生导师，民间记忆与地方文献研究中心主任。2009年入选新世纪优秀人才支持计划。哈佛燕京学社2009—2010年度访问学者。研究方向为中国近现代历史，侧重于政治社会史、政治经济史和商人史。曾出版专著《政商中国：虞洽卿与他的时代》《北伐前后的商民运动（1924—1930）》《在商言商：政治变局中的江浙商人》等。发表论文40余篇，包括《中国商会史研究之回顾与反思》《罢市与抵货运动中的江浙商人：以"五四"、"五卅"为中心》《名实·政治·人事——关于民初上海商人团体史研究的几点思考》《江浙商人与1924年的"齐卢之战"》等。

冯筱才

从懋迁总汇到社会枢纽：上海总商会的历史经纬

　　1902 年上海商业会议公所的成立，可以被视作是上海历史变迁中的一个重要里程碑，亦象征着中国经济近代化翻开新的一页。自上海创建商会开始，商会不但成为政府与工商界的重要沟通平台，也使工商业的行业自律与各业之合作进入一个崭新的发展阶段。自上海之有商会始，在政府倡导下，全国各地纷纷建起商会，对中国经济社会之发展起到了重要作用。到民国初年，商会不但成为中国社会中最重要的社会法人社团，也在中外交流中扮演着关键角色。就上海而言，这个在迅速崛起的国际大都会，其每一个进步，都与商会有着莫大的关系。在 20 世纪上半叶，商会无疑是上海经济繁荣与城市发展的砥柱。

一、上海模式：商会作为沟通官商新平台

　　中国商人有悠久的结社传统，无论是唐宋时期的"行""团"，

还是明清时代兴起的"会馆""公所",其实都曾是商人早期组织形式。另外,由商人主办但以各种信仰祭祀建筑形式存在的"宫""殿""庙""社"等,亦往往都带有浓厚的商人行业会社色彩。然而,"商会"一词却是从晚清开始在中国出现的。最早设立商会之讨论,曾见于戊戌变法前后各地官绅倡议,及朝廷旨批。① 1898

上海总商会创始人严信厚

年8月,光绪帝下令变法,实施新政。詹事府少詹事王锡蕃奏请饬各省设立商会,并在上海设立总商会。② 光绪皇帝即谕令刘坤一、张之洞先在上海、汉口试办,并着总理各国事务大臣咨商各督抚详订章程妥为筹办商会。③ 这次是中国政府最早正式提出设立商会的政策。但变法失败后,于上海设立总商会亦未能成为事实。官方虽在汉口、上海等地设立商务局,但基本上委候补官员任职,人员有限,不用商董,因此与其他行政机构无异。④ 直到三四年后,随着中外商约谈判的启动,"立商会"才又被负责官员提上议事日程。

在晚清重商主义氛围下,清政府也开始明白中外商约谈判的重

---

① 《公议中国银行大概章程》,《申报》,1897年3月3日,第1版。
② 《请仿泰西之例设立商会片》,《申报》,1898年9月19日,第1—2版。
③ 《本馆接奉电音》,《申报》,1898年8月31日,第1版。
④ 《盛宣怀、张之洞会奏上海设立商业公议公所折》,光绪二十八年九月,上海市工商业联合会,参见复旦大学历史系编《上海总商会组织史料汇编》上册,第46页。

从懋迁总汇到社会枢纽:上海总商会的历史经纬

要性。然而，在商约谈判酝酿时，外国政府与其本国商会包括在华商会即已有高度合作，但中国政府与商界之间则一向缺乏此种机制。1902年，当盛宣怀与吕海寰奉朝廷之命到上海，准备与英国、美国、日本、葡萄牙等国代表进行商税谈判时，他们首先想到的就是要赶紧成立中国人自己的商会。因为谈判涉及很多的中外商业交涉具体事项，如税收、贸易管理等均需要得到商界的支持。盛宣怀早在1897年筹办中国通商银行之时，已经提出要赶办商会，并让当时开办的洋务企业加入商会，以使商情更为融洽。① 负责商约谈判让盛宣怀开办商会之愿望有了实现的可能。

1902年2月22日，即光绪二十八年正月十五，在盛宣怀的倡导下，严信厚等在上海宣布开办上海商业会议公所，这便成为中国最早成立的商会。上海商业会议公所成立之初，以"聚众商之志而通上下之情"为号召，其办法仿照西人商会章程，希望各行商董能够定期集议，以及应该改革或争取之商业事项，以准备向政府提出条陈。最初盛宣怀札委周晋镳为商务总会公所提调驻所办事，② 稍后即改委严信厚为公所总理。商业会议公所成立后，即对外宣布其主要目的是为了改善华洋交涉中华商"声气涣散、事事落人之后"之弊端，与洋商争取利权，并冀振兴商务。具体来说就是先配合商务大臣盛宣怀在上海与外国人的商税谈判，呼吁各行商董，向公所提出建议方案。③

严信厚是宁波帮的商人，他早年曾追随胡雪岩学习商业之道，

---

① 《公议中国银行大概章程》，《申报》，1897年3月3日，第1版。
② 《商会批词》，《申报》，1902年2月22日，第3版。
③ 《商业会议公所告白》，《申报》，1902年2月22日，第4版。

后来一直在上海、天津等地随李鸿章、盛宣怀办事，自己也曾经创办著名的"源丰润"票号。李鸿章在天津办广仁堂，严是主要出力之人。盛宣怀在上海办中国通商银行，严也担任第一任总理。他与盛私交非常好，因此，以其为商会总理，盛宣怀更容易在中外谈判中获得协助。

商会在上海首创之后，1903年，清政府派员对上海商业会议公所进行了考察，肯定商会的价值，并打破前规成立商部。1903年商部的设立，是一重要的制度性突破。次年，更颁布《商会简明章程》《商律》《公司律》等与振兴商务有关的法令。商会，作为沟通官商的媒介与商人自我管理的组织，开始发挥其重要的功能。创设种种工商奖励法规，更让国人轻商心理发生动摇。

1904年，上海商业公议公所改名为上海商务总会，成为全国各地组建商会时的学习榜样。这种官商沟通的新平台在随后几年迅速从上海扩展到全国，甚至连边陲之县城，或基层工商集镇也都开始出现商会组织。截至1908年，已经成立的各大中城市商务总会已有30余个。到1911年，商务总会数量更达到50余个，分会七八百家，包括一些大的市镇，都成立了商务分会。在上海，除了上海商务总会外，如上海县、松江、奉贤、嘉定、南汇均成立了商务分会，其他市镇一级的商务分会包括闵行、周浦、三林、马桥等地。

商会成立虽然有官方倡导的背景，但是无论是经费筹措，还是内部管理，基本上是商人自治性质，政府基本上立于监督的地位。维持这些机构显然需要经费，要政府一下子负担那么大的费用也吃不消，因此，商会模仿大型企业创办时的"官督商办"之制度，采"官倡商办"模式。以上海商业会议公所为例，其初创经费是由严信

上海总商会议事厅大楼落成（1916年）

厚等人垫支，等加入者众，即开始收取会费。后来更按年向会员收取捐费，数额由加入商会的各业及各公司认缴。有了商会，官员们与商人打交道显然更为便利，交易成本也更为节省。以前官员在上海要跟商人讨论，可能要和不同会馆、公所的行帮领袖打交道，有了商会，将他们集中起来协商事情就好办多了。

商会，显然与经济民族主义有关。当时的报道曾反复强调国人在"商战"中要防止局势被洋商操纵在手，商人应该协力抵制。在这方面，当时官商想法其实是一致的。第一届上海商业会议公所总理是严信厚，与盛宣怀非常熟悉。他曾经讲过，成立商业会议公所，就是要把商界的声音集中起来，沟通上下，让政府在对外谈判中知道商界的一些要求。因此，刚开始的上海商会主要是在对外商业谈判为政府提供咨询意见。

上海商务总会改成上海总商会，那是辛亥革命以后的事。辛亥革命发生以后，上海商务总会那些领导人，其实都是清廷任命的，商会也是按朝廷旨意创建的，因此在政治合法性上面临一些问题。上海商人于是迅速成立了一个"上海商务公所"，换了一个名字，其实人员是差不多的。商人们拿这个机构作为一个缓冲，好与新政府交涉相关事务。类似的故事在1927年依然发生，当北伐军快打到上海时，上海总商会会长傅筱庵与直系军阀、东南五省联帅孙传芳关系谂熟，因此地位不保，上海总商会也受牵连，被国民党认为是"反动组织"，因此，上海商界各业领袖亦临时成立了"上海商业联合会"，以作为与新势力打交道的机构。后来形势稳定之后，两个组织才合并起来，但旧有的名称仍然不能再用，新成立的机构开始被称作是"上海市商会"，这些故事都很雷同。

在民国时期，一方面商会需要扮演商界利益代言机构的角色，另一方面，各届政府都需要运用商会来配合其政策。譬如在外交上，商会就经常配合政府发起抵制外货运动，如1915年袁世凯统治时期的"抵制廿一条"，1929年蒋介石因为"济南事变"鼓励商界对日经济绝交，商会都会出面担任组织任务。因为所谓"民间抵制"，比政府公开对外宣布政治对峙要更加容易转圜。担任政府"助手"的角色，不仅仅是对外，包括对内。民国时期，当时的政府在许多事情上都需要商界的协力。大家知道比较多的，如财政捐输、税收征收、金融稳定、产业振兴等方面，各届政府都需要得到商会的帮助，这也使商会拥有了其他普通社团无法比拟的地位。尤其对于国民党政府来说，当政府威权变得更加强大的时候，他们不希望商会做其

从懋迁总汇到社会枢纽：上海总商会的历史经纬

他的事情，就希望配合政府更好地扮演政府助手的角色。陈立夫就曾经高度评价商会在这方面的组织力，1946 年他就曾经表示"商会的组织是普遍全国各地，同时又深入各层，这是其他人民自发的组织所不及的，这也是人民本身组织的榜样"。这显然是对商会在沟通官商关系及协助政府方面重要作用的肯定。

二、合作共赢：商会是近代中国工商界规范自律的符号

中国工商业健康之发展，始终与行业自律分不开。在传统时代，有悠久历史传统的工商业会馆或公所，是这种行业自律的关键建制。不过传统工商业通常是按商帮组织起来的。在一些地方，为了加强各行帮之间的合作，商人们也有可能创建集体商业组织，这种组织通常是以联盟性会馆的形式被建立起来，如清代重庆曾经有过的八省会馆。上海开埠前后，已经存在各种按地域或行业组织起来的会馆、公所，但缺乏联合组织，当上海超过苏州、宁波等商埠，成为中国东南最重要的商贸中心时，工商社团仍是比较松散状态。因此，1902 年上海商业公所的成立，使上海工商界踏入一个更强调合作与共赢的新时期。行业自律也开始超越业界，并且有了更规范的要求，在此种背景下，上海工商业的发展势头更加迅猛。更为重要的是，这种合力在面临中外经济竞争时显得尤为关键。如前所述，商会的成立就是与晚清商约谈判紧密相关的。

上海商业会议公所刚刚成立时，其实带有很浓的各行业会馆公所联盟性质。我们从当时的会员名录中可以发现，代表各商业行帮的合帮会员在早期占很高比例，当然到后来代表新兴工商业、以工

厂商号名义加入的分帮会员数量越来越多。从这里也可以看出上海经济发展的大致脉络。正是由于工商业有新旧之分、大小之别，不同行业也可能存在利益交集，因此，商会这种跨行业的整合性自律组织地位就日益重要。

上海后来在经济上享有极高的地位，成为中国第一通商口岸，与此有密切关系。由于全国各地的商帮都在上海设立基地，他们有组织团体、商业货栈、领袖活动。在这种多元化的空间，适当的利益协调机构，便能够把一些矛盾化解于无形。其实上海历史上发生过非常激烈的不同地域人之间的斗争，著名的"小刀会起义"便带

上海总商会商品陈列所大楼

有浓厚的地域帮派冲突色彩。因此，跨地域、行帮商会组织的成立，才使在上海生活的各地移民有了共同的社会组织，亦正是借助于这种组织协调能力，人们才能够更加和谐地在这个城市中生活、工作，上海这座东亚现代化大都市才得以真正成长起来。

商会能够协调商界不同声音、不同利益，这点对于上海的发展亦极为关键。当然，商会的前后变化也颇大，但在行业自律方面扮演的角色是一贯的。由于商会的引导与监督作用，上海工商业的发展总体而论是从中受益匪浅的。政府当然也可以监管，但有时成本太高，面对政府各种管制政策，无良经营者总是会想出各种应对办法，因此，行业自身的内部约束与规范就极为重要，这不但可以减轻许多社会成本，对于秩序、创新也很有利。商会的存在，就使得上海工商界不但能在更大的范围内共享资讯，竞争合作也会更加有

1929 年上海总商会举办中华国货展

序化进行。

商会的成立，可能也标志着行业自律的近代化。此前传统同业组织的自律行为，常常是建立在行业惯习的基础上，一些规定未必符合工商界整体利益，或裁判处罚的做法过于严苛，与现代法制不合。上海总商会在1913年就开始设立商事公断处，对争议各方以息讼和解为宗旨，减轻司法行政压力。相对来说，商会后来规定的商事仲裁条例，不但有法律依据，其运用过程也更符合近代商人的一些诉求。正是由于商会在行业自律方面有其独特的权威性，因此，民国时期各届政府在起草颁布与工商界有关法律时，也往往会与商会再三磋商，后者也往往能代表工商界向政府陈情提供专业意见，使得法律制订更符合工商业界的整体利益。为规范商会事务，民国时期中央政府先后颁布了几次《商会法》，这不但保障了商会的地位，也使商会主导的行业自律活动有了更为完善的政策准绳。

就上海商会来讲，其自身建设也越来越健全。到1916年，上海总商会议事厅落成，这幢漂亮的建筑后来成为最重要的上海公共空间之一。1920年上海总商会商品陈列所大楼建成，来自全国的各种物产商品有了一个常年布展陈列的地方，许多展览会也在这里举行。同时，总商会亦开始办起自己的图书馆与杂志，创建为工商界举办的公益性商业学校，对青年职员或学徒进行文化教育与专业训练。

商会人事制度从一开始就有很强的民主色彩，如会长与重要职员的选举，从早期的投黑白子表决，到后来的选票制，都有章可循，程序较严格。民国时期上海商会会长的选举竞争往往非常激烈，其实这也说明其程序有一定公正性。商会运作的制度化，是其后来获得广泛社会声誉的保障。

另外，晚清以后，中国开始效仿西方采取新政，如议会、选举等新兴政治事物开始出现在人们的日常生活之中。工商界如果要选举出自己的代表，没有协调机制的话，内部就很容易出现问题。尤其像国会议员，或本地议会、参议会的名额，很容易引发商界内部的竞争。从1900年代到1940年代，这种问题一直都存在。面临内部矛盾之际，商会作为商界统一组织就比较重要，以免自相内讧，同时他们也可以团结起来，争取更多代表名额，保护他们自己的工商界的利益。

当然，由于商界行帮差异，内部矛盾仍是不可避免的。如大商号与小商家，不同地域的商帮，传统商号与新兴工厂，都有可能造成商界内部不同的声音。不同派系政治力量的介入，使商界的权力竞争也更严重。当然，有竞争才会有发展，上海总商会会长一职便很难长期被某帮领袖长期霸住。经常有人在报纸上发表文章批评商会内部权力不够民主、透明，或组织程序不够公正，甚至有一些人会脱离总商会而单独成立"上海各马路商界联合会"等组织，这种竞争态势正是民国社会团体活跃的表现，商会制度也正是在矛盾和斗争中逐渐完善起来。如上海市商会的会员，后来就比较注意各业代表的包容性，避免有人攻击只代表大商人不代表小商人。大革命时期国民党曾经以此攻击"旧商会"，甚至准备成立新的"商民协会"将其取代。不过，由于上海总商会在全国享有极大的威望，其存废也与整个中国的市面及金融秩序息息相关，因此，最后南京国民政府并没有完全废除原来的商会组织，只是对其加强了监督，多委任亲国民党的商人担任商会领袖，强化党治色彩。在利益代表方面，仍允许商会代表各业商人利益，在征税及公债等许多事务上，允许商会为商界代言。这种"法团主义"的官商合作方案，使国民党政府对工商事务有了更多的掌控，不但使其在 1930 年代的金融改革及经济建设中获得帮助，也使其为接下来的战争积累了更多实力。

从最早的上海商业会议公所，上海商务商会，到后来的上海市商会，其名称虽然有变化，但是其制度仍延续下来。许多惯习也渐渐稳定成为商界的共识。如果我们今天要发展同业公会或商会，制度化方面的建设可以向历史上的商会取经，只有将制度化做好，商人社团才能获得自己基本的地位。不过要避免一种误会，以为晚清以后商会的兴起，替代了原来传统的会馆公所，其实商会成立后会馆公所并没有消失，甚至促进了其发展。翻看那些会员名录，我们可以发现许多传统的会馆行帮公所一直存在。到南京国民政府时期，政府更加强对行业公会的管理，督促各业都要成立同行业同业公会，并加入商会，以增加政府对工商界事务的监控效率。这种方法在 1950 年代初也曾经被新政府所沿用，我们可以发现在上海，政权移转之后，不但原来的同业公会没有消失，甚至一段时间里面，还成立了新的同业公会，工商业联合会则作为新的商会组织形式，成为各同业公会的上级领导单位。这应该算是延续了清末以来的商会传统。

移民社会及多元化的工商社会需要一些利益共享协调机制，尤其像上海这种巨大都市，这个问题尤其严重。因此，无论是信息、技术，包括很多管理制度等，都需要共享合作机制，如果商人只管自己做生意，或搞政商勾结，不去注重工商界的整体利益或社会责任的话，出了问题就不容易解决。上海总商会的经验有助于我们未来工商界更加平稳发展。

从懋迁总汇到社会枢纽：上海总商会的历史经纬

三、深孚众望：为什么近代上海没有发生严重的兵变？

在近代上海民众眼里，无疑上海商会是最有信誉的社会团体。这种认同，自然是与商会成立后的社会作为有关系。商人如果只顾自己图利，丧失社会责任意识，民间自然对其无甚好感。就晚清民国时期的上海历史来看，上海总商会不仅是工商界的自律组织，它也成为近代上海重要社会枢纽。举一例来讲，在民国历史上，北京、天津、汉口等大城市都发生过严重的兵变，这些骚乱对金融市面与社会秩序破坏甚烈。不过，作为全国最重要的商业都市，上海并没有发生过此类严重的兵变。其原因虽然很复杂，但是商会的存在及其挽救秩序的行动，是上海转危为安的重要因素。

我们大家对北洋军阀时期社会的混乱都有一定了解。然而，不同的地方，面临相似的军阀武装冲突，或同样有派系军队驻扎经过，其结局却各不相同。有没有负责任的社团或代表出来承担这种与军人交涉的事务，或承担一些派勒负担，所产生的后果各异。各地的商会在这种情势下，便扮演了极为重要的社会责任团体的角色。在这方面，上海总商会的地位尤其突出。

民国时期，上海也曾经发生过几次战事，每次打仗市民都很焦虑。这个时候人们可能面临三种危险：首先是许多战争难民的出现，如果他们得不到救济，社会秩序就会出现问题；其次，参战各方都有逃兵，失败者更会出现许多溃兵，这些武装兵士如果涌到城里，无序行动，市面肯定要混乱不堪；再者，上海有租界，外国人一直想扩大租界边界，每次出现战争混乱，都有可能导致外人越界行动，甚至将管辖权延展到华界。在这种情形下，中外人士共同认可的上海总商会，便成为协调各方的重要机构，商会也成为可以调配各种资源保护秩序的组织。

为维护秩序，商人有时会介入各种势力之间，担任重要的角色，甚至影响政治军事形势的发展。上海商人由于其地位的特殊，这方面表现尤为突出。江浙战争的结束及善后便与他们密不可分。战争爆发前，经由上海总商会与江浙其他重要商会的调停，江浙两省签订了一个"和平条约"，这个条约使战争延迟一年爆发。战争开始后，总商会不但承担难民救济责任，而且负责筹措大笔经费以安顿遣散溃兵，避免了严重的兵灾。六千溃兵能迅速被安置到不同的收容所，收缴其枪械，并且紧急调运轮船将溃兵北运，没有商会强大的力量这当然难以做到。上海总商会甚至安排冲突双方坐在一张谈判桌前就军事善后进行谈判，北京政府还一度下令由上海总商会接管上海兵工厂，要求冲突各军撤军，并准备在上海成立"淞沪商埠自治市"。

近代上海商会在秩序挽救方面的作为当然不仅在于收容溃兵、办理战争善后等事。每次上海面临各种秩序危机，商会都会出来斡旋解决，减轻损害。如晚清民国时期，上海曾经出现过几次非常大的金融风潮，如1910年的橡胶股票风潮，1921年证券交易所疯狂投机热潮导致的信交风潮等等。每次发生大的金融风潮，如果没有商会与钱业公会、银行公会这样的机构出来协调解决，并承担责任，可能市面败坏殆尽了。

另外，近代中国民族主义运动曾接连不断发生，每次运动爆发，社会秩序如何维持便成为一大问题。上海商会成立后，便一直在调停中外冲突方面扮演主要角色。如1904年上海商会总会一成立，便面临

149

从燃迁总汇到社会枢纽：上海总商会的历史经纬

要调解因为俄国水手杀死宁波车夫周生有的重大交涉事件。次年更发生严重的大闹公堂案与抵制美货风潮，商会对这些事情的处理都直接与社会秩序攸关。到"五四"以后，政治民族主义浪潮越来越激烈，商会就处在风口浪尖。一方面商会要承担社会救济的责任，另一方面，工商界自然不希望秩序完全失宁，市面出现动荡。例如五卅运动中，上海总商会就与上海总工会合作筹措到三百余万的款项，解决罢工工人救济难题。这种行动，不但使运动得以实现，亦使得秩序能够保持。

上海商会成立后，成为社会的重心，严重的社会骚乱也减少了许多。中外冲突数量下降。关键问题不在于此，关键它的影响力。由于商会的影响力不仅仅在于工商界和经济界，后来远远跨出工商界，因此商会也就变成上海整个社会的枢纽性的组织，这当然也与时事变化有关。民国时期，中国社会各方面变化非常快，社会其实需要一些具备调停能力的组织，上海总商会在这种情况下就几乎变成全中国力量最大的一个社团。

在 1920 年代，由于国内政局不太稳定，各派军阀哄斗不已，因此代表商界利益的商会成为各派军政首领极为重视的机构。他们在军费摊派上，在地方秩序维持方面，都要商会出面协调。在这种情形下，相应地，商会的地位也水涨船高，其在国内政局中的声音也变得越来越重要。如 1923 年 6 月 13 日，直系军人在北京发动政变，总统黎元洪被逼出走天津，引起政潮。23 日，上海总商会在广肇公所等会员的要求下，特召开临时会员大会，有否认北京政局变动及组织民治委员会等决议通过。①民治委员会专门讨论在派系对立的

---

① 《沪人士对于北京政变之表示》，《申报》，1923 年 6 月 18 日，第 13 版；《上海总商会召集临时会员大会通告》，《申报》，1923 年 6 月 19 日，第 1 版。

政局中如何领导民众自治。上海总商会也曾经与教育会联合发起组织全国商教联合大会，全国各地的商、教领袖都到上海来提出议案，要求军阀罢兵休战，保护民生，发展经济。这种领导地位，也曾经吸引了共产党人的注意，如毛泽东就曾经在中共机关刊物《向导》上发表文章，强调上海总商会所代表的"上海资产阶级"已在国内拥有极大的声望，如果他们能代表人民的利益，应该可以制约军阀们的横征暴虐。①

因此，我们如果认为晚清民国时期上海在全国的影响很大，除了金融、工业、文化、新闻、贸易、外交等各方面因素以外，其实与组织方面也有关系，而上海总商会就是最重要的代表性的团体。不过，1920 年代中期开始，商民运动的兴起，曾经让上海总商会地位陷入危机，但也正是上海总商会在全国经济事务中有着极为重要的地位，虽然国民党党部主导的上海商民协会想取而代之，但其最终未能如愿，相反商民协会反而被取消，而沿用上海总商会基本制度的上海市商会成为新的商界领袖法团，当然改组之后的商会与此前有许多不同之处，最突出一点就是其对政治社会事务的介入没有像此前那么频繁，基本上成为法团主义模式下与执政当局政治立场保持高度一致的社团。

四、商民运动与商会存废争议中的上海总商会

商民运动事实上是以打倒旧商会为目的之一，这从其发起背景

---

① 毛泽东：《北京政变与商人》,《向导》第 32 期，1923 年 7 月，第 233 页。

及后来国民党"二大"商民运动决议案中，可以清楚地看出。事实上，无论在广东，还是后来在两湖地区或者东南地区，各地绝大多数的"旧商会"不但未被打倒，政府还再三给予其合法地位保障的宣示。这就使得商民运动陷入一种自我矛盾的境地，商民运动宣称的目标与后来的实践发生严重脱离。更具有讽刺性的是，最终被取消的并非商会，而是所谓号称"真正革命商人团体"的商民协会。

在北伐前的全国政治舞台上，国民党要利用商会配合其召开国民会议的主张。在广东地方政治舞台上，则需要利用商会来协助解决财政问题及配合其"反帝"战略。省港大罢工的爆发，更使商会成为国、共两党重要的合作对象。对共产国际代表与中共而言，商会在一定时候也成了中共及左派打击右派时需要争取的同盟者。北伐开始后，商会便有另外的意义。对前线的军人而论，有着较完善组织与动员力的各地商会实际上是能利用达到快速稳定地方秩序的重要团体，也是他们在地方上可以依靠筹措军饷的主要对象。当时激进的党部人员即使有彻底消灭"旧商会"的打算，现实压力也使得他们必须利用商会。这对于商民运动而言，却是一个最难绕过的关节。商民协会在事实上不能取代商会的位置，也不能从国民党及政府得到压倒性的援助，最终商民协会自然无法维持下去。

事实上，国民党及政府又不能不利用商会，以种种方式肯定其合法性。甚至在商民运动进行过程中，也往往不能脱离商会的协助。大革命运动高潮中，商民协会虽然在许多地方成立，但政府仍需要依靠商会筹款，甚至行政经费有时发不出，也要商会协助。1926年北伐军抵达湖北后，不仅组织商民协会，而且在一些地方组织商会，其主要目的便是收取商会费，并且借其协助政府筹款。为了利用商会来为自己服务，湖北省政治委员会承认商会"为商民所依赖"，因此，拟定《湖北商会组织条例》，并由省政府名义公布，将商会纳入其管理控制之中。①1927年4月，上海政治分会对"非法产生"的总商会，也只是派人办理改选，而非撤废。②1927年1月，汉口市党部及商民协会提出要取消总商会。对此，当时汉口市长刘文岛在中央联席会议上表示，"如取消总商会，上海总商会必生反感，各商人亦必恐慌，经济必生影响，而政府筹款紧急，尤为重要"。可见当时武汉政府要人对上海总商会之影响力也有足够的认识，而是否废除旧商会直接与上海总商会的态度相关。

商民运动初发起时，广东政府是希望能够建立新的亲国民党的商人团体。由于力量所限，尚未提出打倒"旧商会"。但后来随着政府权威的渐渐确立，因此对商会的态度愈来愈趋于严厉。尤其当商民运动的范围扩展到中小城镇时，由于会员及利益资源有限，商民协会与商会之间似乎势不两立，商民协会成立后商会是否存在，便成为商民运动最为关键的问题了。到国民党"二大"商民运动决议案通过时，对商会存废问题一个文件中居然出现两种不同的说法，不过"打倒旧商会"的口号仍被有心者抓住甚至付诸实施了。不过对全国各地商会地位发生极大震动的，却是来自国民党中央高层的声音。1927年11月，中央商人部以商民协会日益增加而旧有商会仍然存在，这种矛盾现象必须解决为题，因此发出通告表示准备在中国国民党第三次全国代表大会时提出议案，请求撤销全国旧商会，

① 中国国民党中央执行委员会政治委员会第11次会议速记录，1927年4月11日，《中国国民党第一、二次全国代表大会会议史料》（下），第1047页。
② 《沪当局令总商会改组》，《世界日报》，1927年4月28日，第3版。

从懋迁总汇到社会枢纽：上海总商会的历史经纬

以商民协会为领导之机关，以集中商人力量便统一指挥。全国各地商会对此反响强烈，势力强大的上海总商会此时又一次扮演了抗议领袖的角色。[①]

12 月，上海总商会即准备召开全国各省商会临时大会，以应付此事。在通电中，上海总商会表示"国民政府统治下各省商业发生共同问题，有联合讨论以资解决之必要，故仿民元以来的成例，召集各省商会在上海举行大会"[②]。可见，上海总商会俨然以全国商界社团领袖地位而自居。17 日至 26 日，各省商会大会正式举行，提出商会有参加革命、对外抗争之历史，组织即使有不良之处，则尽可改善。从某种程度上来讲，上海会议似乎在短时间内成功维护了全国商会组织的合法性和各地商会的团结。为了避免外界攻击商会组织不良，按照各省商会代表大会的议决案，各省商联会总事务所饬令各地商会自动改组，为此并拟定商会改组大纲，呈请中央党部及国民政府批准。[③] 从各省商联会一系列的举动来看，它实际上已有明显利益团体色彩。

经过上海总商会及全国商会的力争，撤销商会之拟议后来似乎已被打消。1928 年 10 月，上海总商会召集全国商会临时代表大会，决定将各省商会联合会改组为中华民国商会联合会[④]，并发动各地商

① 《总商会请纠正商会行动》，《申报》，1927 年 11 月 30 日，第 15 版；《沪商电请纠正撤消商会议》，《江苏省政府公报》，第 15 期，1927 年 12 月 22 日，第 21 页。

② 《各省商会联合会议之第二日》，《申报》，1927 年 12 月 21 日，第 13 版。

③ 《各省商联会拟具商会改组大纲》，《申报》，1928 年 3 月 5 日，第 13 版，200000000A，0121.47/0080.01-01，第 192 页；河南省政府呈国民政府文。1929 年 9 月 10 日。台湾"国史馆"藏国民政府档案，200000000A，0121.47/0080.01-01，第 150 页。

④ 《全国商会临时代表大会开幕》，《申报》，1928 年 10 月 14 日，第 13 版。

会代表准备赴三全大会请愿。① 1929 年 3 月 15 日，中国国民党第三次全国代表大会在南京开幕。上海市代表陈德征、潘公展在大会上提出"请解散各地、各级商会以统一商民运动组织案"，指控"商会过去之历史，全由商棍操纵把持，运用其地位以勾结帝国主义与军阀，冀危害党国"，又称中小商人则以商会会费过昂，无力加入，实有背于本党全民政治之政策。并称要统一商人社团，突出商民协会合法地位。② 观其大意，一曰商会反党反革命；二曰商会组织散漫，小商不能加入；三曰其破坏商运统一。此议案一经公布，即遭到上海总商会为首商会组织的猛烈攻击，③ 并随即派人到南京向中央政府请愿。国民党上海市党部及所属商民协会与上海总商会之间水火不相容。

1929 年 4 月 20 日，正值上海总商会召开执委会会议，原借总商会三楼余屋办公的商民协会自行招雇铜匠打开门锁，强借该会常会会场，双方发生冲突。④ 22 日，市救国会又将总商会常用之两间会客室破门占用，不理劝阻将室中器具全部掷出，引起冲突，总商会方面召租界巡捕逮走数人。23 日，总商会发布通告，称其处于暴力胁迫之下，无法行使职务，自次日起暂停办公，静候政府依法解

---

① 《苏州总商会第六次执委会会议记录》，1929 年 2 月 28 日，第 52 页。苏州市档案馆，I14-2-200。

② 《上海市三全大会代表陈德征、潘公展等请解散各地商会提案》，1929 年 3 月，《天津商会档案汇编》（1928—1937），上册，第 467 页。

③ 参见《各地商会抗议国民党三全大会取消商会函电辑要》，1929 年 3 月 25 日—5 月 4 日，《天津商会档案汇编》（1928—1937），上册，第 481—489 页；《民国商联会请愿维持商会及统一民众团体组织函电辑录》，同上书，第 491—511 页。

④ 上海特别市总商会公启，1927 年 4 月 25 日；苏州市档案馆，I14-2-611，第 5 页。

决。① 上海市执委会则指控总商会未经该会与市政府核定办法，便自请租界捕房派巡捕守卫大门，禁止救国会人员出入，并逮捕该会工作人员，"腼然假借外人势力，丧权辱国"，要求总商会即日撤退巡捕，恢复原状，如敢违背，则由此而发生意外，由该会负完全责任。② 5月2日，国民党中执会第7次常务会议议决通过"统一上海特别市商人团体组织案"，规定上海特别市商人团体，应即统一组织，所有旧总商会、商民协会、闸北商会、南市商会等商人团体，一律停止办公。并指派虞洽卿等34人为上海特别市商人团体整理委员。③ 此次国民党中央对上海总商会事件的处理速度显得异常迅速。6日，虞洽卿以主席身份召集上海商人团体整体委员会开谈话会，表示市长张群已赴京请颁整委会组织大纲，委员会正式成立之日，各商人团体即须停止办公。④ 13日，国民党中央第14次会议通过上海特别市商人团体委员会大纲。⑤

1929年4月25日，上海特别市商人团体整理委员会正式成立。上海特别市商民协会宣布自即日起不再办理公务，所有事项请直接送商整会。上海总商会亦宣布按中央第7次常务会议议决，停止办公，将关防图章案卷等造册移交商整会。⑥ 上海商界权力格局及党商关系出现重大变化。与上海商人团体整理同时进行的便是立法院将商会法提前通过。商会法颁布也使商民协会失去其存在的合法性，

---

① 《今日起总商会暂停办公》，《申报》，1929年4月24日，第13版。

② 《昨日救国会与总商会发生纠纷》，《申报》1929年4月25日，第13版。

③ 《统一组织商人团体》，《申报》，1929年5月4日，第13版。

④ 《商人团体整委会昨开谈话会》，《申报》，1929年5月7日，第13版。

⑤ 《沪商整会组织大纲》，《申报》，1929年5月14日，第7版。

⑥ 《总商会移交之公函》，《申报》，1929年5月27日，第14版。

从而被最终取缔。然而在上海近代史上雄居一时的上海总商会亦失去了其强大的影响力，恢复到晚清商界利益代表团体及官商沟通平台的角色。

五、"在商言商"的回归：上海总商会"政治参与"史的省思

在近代中国历史上，上海商人团体有着非同寻常的意义，此点尤以民国初年表现最为显著。辛亥以降的动荡时局中，上海工商界，特别是其中的一些团体或者人物，因其背后潜在的经济力以及广泛的社会网络、与政界关系等而为各方注意。无论是政治人物还是财经专家，甚至外交代表、文化领袖，均曾经将目光投射于上海商人团体，希望这些团体能够提供他们所需要的支持。各界对上海商人团体的评价也曾经因为时势及利益的考虑，而出现富有趣味的变化。对于革命者来说，商人的支持与否更是影响他们理想成功或者失败的一个重要因素。1920年代初，"阶级"理论开始成为当时共产党与国民党的一种重要的政治话语策略，遍布中国城乡大大小小的"生意人"也被冠之以"资产阶级"的名衔，成为革命话语系统中用来分析政治经济及社会构成的重要载体。作为党人活动中心的上海，此地的商人团体态度取向更成为党内理论家以及实际工作者的关注要点。上海商人团体的反应甚至影响到激进时期革命政府的政策走向。

在研究上海商人团体之前，我们需要先对其身份进行考察，而不能仅凭其名称及其表面的一些举动而仓促地给出结论。比较名实相副的商人团体大概首先是那些具有法人资格的商人社团，如上海

总商会、上海县商会、上海银行公会、上海钱业公会等等。这些团体的成立均有法可依，而且经过正式注册登记，有实际的事务办理，经费来源稳定，组织制度也相对固定。其次，那些虽然不具备法人资格甚至未经过备案登记的组织，但其成员主要属于商界中人，组织管理与经费也由商人自己解决，行动能自主的也能称作商人团体。其他一些并不是由商人主动成立，而是由其他人士假借商人名义成立的组织实际上并不能被算成是商人团体。有时尽管团体确实是由商界中人出面创办，但是却以商界之外的人充当代表者。甚至有一人兼数个商业团体的代表职衔，但究其所营生计，则可能与商业毫无关系，或者纯粹是专业诉棍。正因为有这些复杂的因素在背后，所以团体的名称有时并不能反映其实际，需要研究者细心去观察考证。如1919年后，上海兴起了"马路商界联合会"的组织，据统计，此后10年间，上海有名可查的各马路商联会计有72个。这些各马路成立的团体在名义上虽然都有"商界联合会"的牌子，但其实质却大异。有的确实由商人组织成立，办理一些本路商界公共性事务；有的却是由教育界人士成立的，成员多数并

位于北河南路桥堍的上海总商会会址（1928年）

上海总商会议事厅大楼俯视外观（1920 年）

非商人；有的则由国民党人或共产党人组织成立，其实是党部统辖下的附属民众团体；有的则是由帮会中人主持，甚而成为借名渔利的机关。

相似地，1927 年初，随着国民革命军进抵上海，"商民协会"组织开始纷纷出现，这些"商民协会"虽然有相同的名字，其主持者及其内幕却迥然各异。有的确由党部商民部组织成立，属于"商民运动"的基层民众动员组织；有的却是由原来的商会系统临时组织，借以摆脱党部控制；有的则干脆是在原来的同业会馆或者公所前面多加一块招牌，并无另外的活动；有的则属有潜在势力者借摊贩之名而组织者，动机均不一而足。因此，研究者很难仅凭团体名称便推测其应该属于某类性质或具备某些宗旨。

抛开政治势力对商人团体的幕后操作与利用不论，即使是一些"老成持重"的商人团体，也往往因为主事者的喜好或者利益而深深

从懋迁总汇到社会枢纽：上海总商会的历史经纬

卷入政治派系斗争之中。牵涉到政治内幕的信息往往不容易从公开的报端甚至程序化的公文中看出，对这些商人团体的行为我们不能轻易根据其表面宣示的文字而作判断。如上海总商会就曾卷入1916年护国反袁战争之中。我也曾揭示五卅运动中上海总商会之所以出来承担责任，与虞洽卿接受执政府的政治安排有密切关系。即使是商人团体内部的斗争，或者商界为争夺权力发生的冲突，也经常有政治的因素在幕后起作用。商总联会与总商会之间的矛盾，以及总商会内部的矛盾，国民党上海特别市党部商民部始终在关注之中，并决议以实力赞助商总联会与总商会中的"革命派"。

如关于1920年代商会"政治参与热情高涨"的判断，几乎所有的论者均使用同样的几个例证：上海总商会参加废督裁兵运动、商教联席会议及国是会议的召开、上海总商会"民治委员会"的成立。但是却忽略了这几个例子背后特别的时空意义以及众多的潜在诱因。如果真的要证实此种判断，那么就应从全国成百上千的地方商会中随机抽样，而不能仅以"政治化"程度最烈的上海作为证据。[①] 但是，如前所述，商会所谓地位的抬升是与民初商会在非常态下的行动分不开。商会既要承担筹措军饷的重任，还要与官方一同维持地方秩序，地方的权力斗争更把商会推到一个显要的位置。从民初江浙两省的商人与政治关系似乎可以看出，一个地方政权或者政治势力能否稳固与商人的支持与否似乎有着密切关系。但是商会所做的这些工作，并不是其常态下的职责。

---

① 关于此点，可参考 Jeseph Fewsmith：*Party，state，and Local Elites in Republican China：Merchant organizations and Politics in Shanghai*，*1890—1930*，Honolulu：University of Hawaii Press，1985，p.13.

所以，中国近世商会的地位亦是由时势所推动的。当传统政治权威崩溃，依附于其上的文化价值体系亦处于危机之中，整个社会缺乏一个普遍的价值衡量标准，亦所谓"失范"状态。而武力、财力便成为两个重要的权力源。拥有财力的商人便在时代潮流中，成为军人之外的社会主要阶层。而这种转变并非一如商人们所愿望的，因为同时商人亦成为武人筹措军费竞争的目标，减轻战争责任的"助手"，或者其他社会阶层团体的期望对象以及平民主要的安全依仗。故在民初激剧动荡的社会变迁过程中，商会自身的社会角色亦在发生位移，由"通官商之邮"的工商业协调机构变为号召群伦的社会领袖。然而，一旦商人被迫承担重要的社会和政治责任，他们便需为此支持相应的成本，从而影响到他们正常商业经营的活动。所以，对这种被动的角色转换，多数商人的心理上并未适应，他们可能仍旧以"在商言商"为最高原则，反对过多地涉入政治和社会变革。于是，社会期望可能会和商人实际心理发生角色偏差。由是，激进的群众团体责怪商会领袖太贪图私利，而忘记了救国，而保守的商人们亦批评商会领袖未坚持原则，不顾会员们的死活。

商人挽救秩序的行动有时亦会对政治造成重大影响。如上海总商会便在江浙战争的结束中扮演了重要的角色，停战协议的达成，数万兵士的遣送均依赖于他们的工作。而作为中间人，他们的存在亦使敌对势力间的谈判得以顺利进行。江浙商人的这些工作既是承继了中国士绅的职责传统，亦是环境逼迫下自救救人的适时办法。但却不能认为是商人政治意识的普遍觉醒或他们主观上有积极干预政治的企图。江浙战争前后商人应变行动的被动性、中立性、临时

性均非常明显。应付危机过程中江浙商人所表现出来的合作精神，公益意识等可能意味着商人的观念正在缓慢的变迁之中。但是这种观念的改变绝非易事，尤其是普遍政治意识的培育更是需要一个较长的时间方能做到。

事实上，商人在民国初年的社会上，其实地位并不高。虽然在武力裁判政治的年代，商人因其多资而被军人重视，故常利用商人而解决军饷与财政问题，进而操纵舆论与民意。但是，这种地位的"抬升"却经常是以高额的成本支出为代价，未必是商人所愿。而商人的私有产权并没有得到根本上的确定，而商业的发展亦未求得一个稳定长远的基础。商人的地位并不是因为他们有先进的政治意识，或者主动的政治参与而得来，而是则时势的被动推动所致。当时势发生变化，商人的地位便可能大幅下跌，没有制度化的保障。也正因为如此，他们常依靠与地方官吏搞好关系出发，将商业利润的来源建基于暂时的官商关系之上，而当这种关系不复存在时，商人便可能遭受重大的损害。所以陈寅恪说中国近世商人最善"应时善变"，但是缺乏"精深远大之明"。

从社会上来看，对商人的轻视仍然存在，尤其是地方绅士或者政治上有势力者。1912 年 8 月，革命党人与新知识分子掌控之下的临时参议院通过"国会议员选举法"与"省议会议员选举法"，并未给商人什么面子。相反以不动产及直接国税等方面的规定有意识地排除了多数商人的选举权，① 虽然全国商界因此而大哗，在上海汉口等地商会的组织下，抗议之声遍于全国，但是最终仍未改变成

---

① 李新、李宗一主编：《中华民国史》，第 2 编，第 1 卷，上册，中华书局，1987 年 9 月，第 168—176 页。

修缮后的上海总商会（2018 年）

议。①1914 年 3 月农工商部规定此后"凡京外行政各级官厅对于农工商总分各会往来公文用令用批，农工商总分各会对于京外各级官厅一律用呈"。为此一行文程序事，全国各地商会群起抗争，②但亦只得稍许让步。③ 地方官吏亦未必就一定买商会的账。如 1914 年丽水商会何佩仰便被该县知事以侵吞公款的名义关押拷打。④ 革命党人对商人的反感并未消失，甚至有更明白的表示。如陈独秀提出"废

---

① 《上海总商会广告》，《时报》，1912 年 11 月 15 日，第 2 版。
② 《中华全国商会联合会会报》，第 1 年第 12 号，1914 年 9 月 1 日，文牍，第 2 页。
③ 《中华全国商会联合会会报》，第 1 年第 9 号，1914 年 6 月 1 日，法令，第 4—5 页。
④ 《农商部批》，《中华全国商会联合会会报》，第 1 年第 12 号，法令，第 53 页。

商论"，大骂上海社会里"直接间接在外国资本势力底下生活的奸商"，以及"政客式的商会"。因此，从江浙地区的个案来看，民初商人的地位并无实质性的提高。即使在形式上有一点参政的途径，在当时全国政局不靖、秩序不宁的情形下，商人都忙于如何应付地方上的政治力冲击，上下也均不太可能将其兑现。

不过，纵观20世纪上半叶的历史，商会无疑是上海经济繁荣与城市发展的砥柱。其作用当然不仅在于沟通政府与商界、行业自律、社会秩序责任承担等方面。其他如制度创新、技术移植、社会教育，风俗改良等等，商会也扮演着重要角色。如果我们打开当时的档案或报刊等资料，随处可见相关史实记载。上海总商会的这些宝贵的历史遗产，相信对于今天经济社会的健康发展都极有借鉴意义。

图书在版编目(CIP)数据

风从海上来:近代上海经济的崛起之路/上海市社
会科学界联合会编.—上海:上海人民出版社,2018
(东方讲坛.社会科学普及读物系列)
ISBN 978-7-208-15458-2

Ⅰ.①风… Ⅱ.①上… Ⅲ.①区域经济-经济史-上
海-近代 Ⅳ.①F129.5

中国版本图书馆 CIP 数据核字(2018)第 225628 号

责任编辑 高笑红
封面设计 陈 楠

东方讲坛·社会科学普及读物系列

风从海上来
——近代上海经济的崛起之路
上海市社会科学界联合会 编

出　　版　上海人民出版社
　　　　　(200001　上海福建中路 193 号)
发　　行　上海人民出版社发行中心
印　　刷　上海中华印刷有限公司
开　　本　720×1000　1/16
印　　张　11
字　　数　116,000
版　　次　2018 年 11 月第 1 版
印　　次　2018 年 11 月第 1 次印刷
ISBN 978-7-208-15458-2/F·2554
定　　价　58.00 元